동양과 서양을 만들어온
고전의 힘, 그 역사를 읽다

동양과 서양을 만들어온
고전의 힘, 그 역사를 읽다

초판 1쇄 발행   2016년 8월 29일

지은이   김월회 안재원
펴낸이   조미현

편집주간   김현림
디자인   유보람

펴낸곳   (주)현암사
등록   1951년 12월 24일·제10-126호
주소   04029 서울시 마포구 동교로12안길 35
전화   02-365-5051
팩스   02-313-2729
전자우편   editor@hyeonamsa.com
홈페이지   www.hyeonamsa.com

ISBN 978-89-323-1810-3 03100

이 도서의 국립중앙도서관 출판시도서목록(CIP)은
서지정보유통지원시스템 홈페이지(http://seoji.nl.go.kr)와
국가자료종합목록시스템(http://www.nl.go.kr/kolisnet)에서
이용하실 수 있습니다.(CIP제어번호 CIP2016019934)

동양과 서양을 만들어 온

고전의 힘, 그 역사를 읽다

김월회 · 안재원 지음

현암사

○ 차례

2부 ○ 서양 편

고전이 문명의 요람으로, 때론 문명의 창조적 파괴자로, 동서
양의 어제와 오늘을 견인했고 또 그 미래를 구성해갈 것임은 별
도의 설명이 필요 없는 듯싶다. 동서고금을 막론하고 문명의 역
사에서 고전이 지니는 비중과 수행한 역할은 이미 넘칠 정도로
규명되어왔기에 그렇다.

이 책은 그러한 힘을 지닌 고전의 '삶'을 다룬 글이다. 예컨대
『일리아스』는 어떠어떠한 책이고, 『시경』은 이러저러한 책이다.'
식의 고전 개설서가 아니다. 모든 고전이 태어날 때에 이미 그렇
게 중요한 존재였던 것은 아니다. 『성경』이나 『불경』, 『코란』 같
은 경전이라면 모를까, 대다수 고전은 집필되는 순간부터 고귀
한 책으로 대접받지는 않았다. 나름의 역정을 겪으면서 고전으
로 거듭나게 된다. 그러는 과정에, 또 그 후에 고전은 시대를 흔
들고 문명에 균열을 가하면서 자신의 힘을 발휘한다.

그렇다고 '한번 고전은 영원한 고전'인 것도 아니다. 그런 법

칙 따위는 있을 수 없다. 우주 삼라만상 가운데 어느 하나 생멸 (生滅)의 회로를 벗어난 것은 없다. 마찬가지로 고전도 생성과 소멸, 유전과 재생의 굴레를 짊어지고 있다. 고전을 두고 '모든 것을 황폐케 하는 시간'을 이겨낸 책이라고 할 때조차도. 실은 고전은 소멸로 향한 흐름에 맞서 치열하게 버텨내고 있었을 따름이다. 그러한 순간순간이 마치 시간을 이겨낸 것처럼 보이고 보였을 따름이다.

그래서 한 권의 책이 고전으로 거듭나는 과정에는 적잖은 사연이 깃들어 있다. 고전 하나하나마다 구구하고 절절한 이야기가 묻어 있다는 것이다. 비유컨대 고전도 사람처럼 나름의 삶을 펼쳐왔기에 그렇다. 이 책의 주된 관심사는 이로부터 비롯되었다. 한 권의 책이 어쩌다 고전이 되었고, 고전으로서의 삶은 또 어떠했는지, 그것을 둘러싸고 어떤 일들이 벌어졌는지 등등을 다루고자 했다.

다만 고전의 삶을 통째로 다루는 것은 현실적으로 난망하기 그지없는 일이다. 아니, 솔직히 말하자면 불가능에 가깝다. 하여 이 책에서는 고전의 삶 자체가 아닌 그것에 간여한 여러 힘들에 초점을 맞췄다. 다시 말해 전근대 시기 중국과 유럽에서 어떤 책이 고전으로 거듭나는 과정에서, 또 고전으로 살아가는 과정에서 어떤 힘들이 간여하고 있었는지를 살펴봤다는 것이다. 이를테면 이러한 것들이다. 어떤 책이 고전이 되기 위해서는 '고전'이라는 관념이 먼저 혹은 동시에라도 있어야 한다. 고전이란 관념이 책이란 문명의 장치가 고안됐던 그 시점부터 당연하게 같이 있었다는 것이 아니기 때문이다.

그런데 고전이란 관념이 고안되는 데는 문명 곧 삶과 사회의 제반 양상과 그 결과물에 대한 반성적 사유가 요청된다. 이를 '인문정신' 또는 '인문학(humanities)'이란 말로 대신할 수 있는데, 이러한 활동 없이 책들의 가치를 나누는 것은 불가능하기 때문이다. 교육도 빼놓을 수 없다. 개체 차원이든 집단 차원이든 간에 살아남고 번영하기 위해 글이란 문명 장치를 고안해냈다면, 글을 유포하고 전승하는 일은 사회를 이루고 문명을 일구며 살아가는 한, 빠뜨릴 수 없는 중차대한 과업이기에 그렇다.

곧 교육이 문명의 유지와 전승에 중요할 수밖에 없다는 얘기다. 그래서 전승되던 지혜가 공자의 제자 교육 현장에서 『시경』 같은 고전으로 정립됨은 너무나 자연스러운 일이었다. 이는, 동시에 고전으로 거듭남을 다룸에 정치를 비롯한 현실 권력이라는 요인을 주되게 다뤄야 하는 까닭이기도 하다. 교육이 삶과 사회의 유지와 전승, 갱신에 그렇게 중요한 역할을 수행하는데 현실 권력이 이를 도외시했을 가능성은 거의 없기에 그렇다. 이 책에서 고전 일반론, 인문학, 교육, 현실 권력 등을, 어떤 책들이 고전으로 거듭나고 그것으로 살아가는 과정에 간여한 주된 힘으로 꼽은 이유가 바로 이것이다.

이러한 문제의식 아래 필자들은 이 책을 2부로 구성하였다. 1부에서는 동양 고전을 다뤘고 2부에서는 서양 고전을 다뤘다.

여기서 '동양 고전'이란 표현에 대해 양해를 구하고자 한다. 표현은 동양이라고 했지만 실은 고대 중국의 고전만을 다루고 있기 때문이다. 한문, 중국을 중심으로 동양이란 말을 사용하는 관습에서 벗어나야 할 때는 벌써 한참이나 지났다. 그럼에도 이 말을 사용한 것은 어디까지나 관습에 기댄 편의 때문임을 밝혀 둔다.

1부와 2부는 각각 10장으로 구성되어 있다. 동양 편은 김월회가, 서양 편은 안재원이 나눠 집필하였고, 「나가는 말」은 공동으로 집필하였다. 한편 1부와 2부의 각 장이 정확하게 짝을 이루진 않는다. 동양 편의 1장과 서양 편의 1장이 하나의 주제 아래 동양과 서양의 경우를 각기 서술한 것은 아니라는 뜻이다. 그렇다고 전혀 다르지도 않다. 그 모두는 이를테면, "고전은 무엇이었나?", "고전 교육의 이념은 무엇인가?", "고전을 어떻게 가르쳐왔나?", "고전은 어떤 인간을 만들어왔는가?", "집단을 뒤흔든 고전은?", "고전은 역사를 어떻게 빚어냈는가?", "고전의 생멸, 그 궤적은?", "시대의 부름을 받은 고전은?", "'죽은 책'을 되살리는 힘들은?", "고전, 어떻게 읽을 것인가?"와 같은 물음을 때론 단독으로, 때론 두세 개씩 섞어가며 내용을 구성했기 때문이다.

끝으로 《교수신문》에 감사의 말을 전한다. 귀한 지면을 허락하여준 덕분에 '동서양의 고전 읽기와 인문 교육'이란 주제로 20

회에 걸쳐 글을 연재할 수 있었다. 그 글이 이 책의 밑천이 되었다. 아울러 현암사에게 감사의 마음을 전한다. 출판은 세상이란 논밭에 글이란 씨앗을 뿌리고 김매며 수확하는 활동이다. 출판사가 있기에 우리의 글이 사회적으로 존재케 됐음이니 어찌 감사하지 않을 수 있겠는가. 모쪼록 출판이 흥한 사회, 출판으로 흥한 세상이 어서 빨리 펼쳐지길 소망해본다.

2016년 8월
관악의 아크로를 굽어보며
김월회, 안재원

1부 ○ 동양 편

1. '삶터의 벗'으로서의 고전

포스트모던을 운운하고 탈근대를 역설하는 목소리가 여전히 낭랑하다. 그렇다고 우리가 근대에 살고 있음을 부정하기는 어렵다. 돌이켜보면 근대는 언제 어디에서나 참으로 많은 것을 결정적으로 바꿔놓았다. 중국도 예외는 아니었다. 중화주의가 붕괴됐고 봉건제가 무너졌다. 대신 서구 근대의 세계관과 민주제가 그 자리를 대신했다. 지난 수천 년간 하늘 아래 유일한 문명 세계를 자부했던 중국은 그렇게 근대화된 지구촌의 일원으로 재편되었다.

경전, 성현의 손길로 빚은 고귀한 책

그 와중에서 '경전(經傳)'의 사회적 위상이 하락되었다. 이 또한 근대가 중국서 야기한 무척 중요한 변화였다. 경전은 전통문화와 봉건제를 이념적으로 뒷받침하고 있었기에, 그들이 부정되자 경전이 지녔던 사회적 위상도 함께 붕괴됐다.

근대가 되기 전, 중국에서 경전은 유교의 오경(五經)과 사서(四書)로 대변됐다. 오경은 『시(詩)』, 『서(書)』, 『역(易)』, 『춘추(春秋)』, 『예기(禮記)』를 말한다. 기원전 1세기 무렵 한(漢)의 무제(武帝, 기원전 156~기원전 87)가 유교를 제국의 최고 통치 이념으로 정립시킨 이래로 경전의 자리를 줄곧 지켜온 텍스트이다. 사서는 『대학(大學)』, 『논어(論語)』, 『맹자(孟子)』, 『중용(中庸)』[1]으로, 12세기 무렵 주희(朱熹, 1130~1200)가 집대성한 성리학에서 내세운 새로운 경전의 체계였다. 이들은 관리가 되기 위해선 반드시 공부해야 하는 텍스트였다. 또한 관리를 꿈꾸지 않는다고 해도 지식인을 자처하는 한에서는 반드시 익혀야 할 텍스트였다. 거기엔 사람과 사회에 대한, 역사와 우주에 대한 앎이 모자람 없이 담겨 있다고 믿어졌다. 더구나 경전은 성현의 손을 거쳐 나왔다고 여겨졌다. 경전은 '경(經)'과 '전(傳)'의 합성어로, 경은 성인(聖人)이 저술하거나 편찬한 텍스트이고 전은 그러한 경에 현인(賢人) 그러니까 성인에 버금가는 이가 붙인 해설이라고 간주됐다. 그래서 경전은 '예부터 있어온 책들' 곧 고적(古籍)이나 고전(古典)이라 불리던 것과 대등하지 않았다. 그들 중에서도 특히 '범

---

1 『대학』과 『중용』은 오경의 하나인 『예기』에 들어 있던 편을 독립시켜 단행본으로 만든 텍스트이다.

접하기 어려운 권위가 서린 책'만이 경전이라 호명될 수 있었다.

　사정이 이러하다 보니 경전은 그저 열심히 배우고 익히기만 하면 되는 책이 아니었다. 관리나 지식인으로 살자면 말할 것도 없고, 그저 평범한 사회인이 되고자 해도 경전에 담긴 대로 사유하고 살아가야 했다. 그 결과, 경전을 익힌다는 것은 거기에 서려 있는 권위 아래 자기를 복속시키는 행위가 되었다. 경전은 단순한 배움의 대상이 아니라 섬김의 대상으로 모셔졌다는 것이다.

성인(聖人)되기, 경전 공부의 목적지

　그런데 경전이 처음부터 그러했던 것은 아니다. 경전에서 '전'은 '경'에 대한 해설이므로 결국 경이 핵심이라고 할 수 있는데, 경이란 글자가 처음 생길 때부터 섬김의 대상이라는 관념을 품고 있지는 않았다.

　대신 경은 책들 가운데 중요하다고 여긴 텍스트를 가리켰던 듯했다. 그래서 경은 학파를 불문하고 누구에게나 배움의 주된 대상이었다. 이는 전국시대(기원전 403~기원전 221)의 관련 용례를 보면 명확해진다. 당시 사람들은 훗날 유교의 경전이 되는 서적만 경이라고 본 것이 아니라 다른 학파의 책들도 경이라고 불렀다. 『도덕경(道德經)』, 『묵경(墨經)』, 『내경(內經)』 등이 대표적 예인데,『도덕경』은『노자(老子)』란 이름으로 더 널리 알려진 도가의 텍스트이고,『묵경』은 묵가의 텍스트였다. 그런가 하면『내경』은『난경(難經)』등과 함께 당시의 대표적 의학서였다. 사상서뿐 아니라 실용서에 경을 붙여도 됐다는 것이다. 이는 경이란 글자가 모양새로 보건대 글자가 새겨져 있는 죽간이나 목간을 끈으로 엮은 물건, 곧 서적 일반을 가리켰을 수 있다는 점에서 설득력이 더해진다. 20세기 초엽, '중국 국학계의 큰 스승'이라 불렸던 장병린(章炳麟, 1868~1936)도 경을 그렇게 이해했다. 경과 여타의 책 사이엔 아무런 가치의 차등도 없었다는 주장이다.

다만 당시 경에 대해 이와 다르게 인식하고 있던 이들도 있었다. 그들은 당시에 나온 모든 책을 경으로 보지 않았고, 책들 사이에 우열을 두기도 했다. 예컨대 공자(孔子, 기원전 551~기원전 479)의 후예들이 책을 대하는 태도에선 경을 다른 책보다 특별하게 대했음이 쉬이 목도된다. 이와 관련한 순자(荀子, 기원전 323?~기원전 238?)의 말을 들어보자.

> 학문은 어디에서 시작하고 어디서 끝나야 하는가? 답한다. 학문하는 방도는, 경을 외우는 데서 시작하여 예를 읽는 데서 끝나는 것이다. 학문하는 뜻은 식자가 되는 데서 시작하여 성인이 되는 데서 끝나는 것이다.[2] -『순자』,「권학(勸學)」

---

2 원문은 다음과 같다. "學惡乎始, 惡乎終. 曰, '其數則始乎通經, 終乎讀禮. 其義則始乎爲士, 終乎爲聖人.'"

언뜻 경이 학문의 기초 단계에서만 필요한 것처럼 읽힐 수도 있는 언급이다. 그러나 이는 무엇을 위한 시작인지와 함께 읽어야 한다. 목표가 어떠하냐에 따라 시작의 설정은 사뭇 달라지게 마련이다. 순자는 여기서 경은 예를 읽기 위한 시작이고, 성인이 되기 위한 시작이라고 못 박았다. 당시 예는 사회제도 일반을 가리켰다. 따라서 예를 읽는다 함은 천하의 경영에 대해 공부한다는 뜻이 된다. 곧 경의 암송에서부터 시작되는 공부는 성인이 되어 세상을 경영하는 사업으로 갈무리된다. 경은 그저 자신의 앎을 이뤄가기 위한 시작이 아니라, 하늘의 선한 의도대로 세상을 널리 이롭게 하기 위한 시작이라는 뜻이다.

이를 두고 고대 중국인들은 '영원히 썩지 아니할 성대한 사업〔不朽之盛事〕'이라고 불렀다. 게다가 경을 '성인 되기'의 시점으로 설정했으니, 경이 여러 다른 책들과 대등하게 다뤄졌을 가능성은 갈수록 줄어들 수밖에 없었다.

경전은 고귀한 혈통을 지닌 책

순자뿐만이 아니었다. 경에 대한 이러한 인식은 유가의 공통된 특성이었다. 공자를 성인으로 치켜세우다 보니 그가 제자를 교육할 때 즐겨 활용했던 『시』, 『서』, 『예』도 중시되었고, 그가 죽간을 이은 가죽 끈이 세 번이나 닳아 끊어질 정도로 봤다던

『역』과 손수 편찬한 『춘추』도 더불어 추숭되었다.

사실 공자는 이 책들에 절대적 권위를 부여하지는 않았다. 특히 『시』, 『서』는 공자뿐만이 아니라 묵자 등 다른 학파의 사상가들도 즐겨 기대던 텍스트였다. 곧 이들은 유가에게 독점된 텍스트가 아니라 누구라도 활용 가능했던 오래된 전적이었다. 그럼에도 공자의 후예들은 이들을 공자와 엮어 성인이 존숭한 특별한 책으로 격상시키고자 했다. 급기야 다음과 같은 신화를 만들어냈다.

하루는 공자가 예를 배우고자 찾은 노자(老子, ?~?)에게 이렇게 자신을 소개했다고 한다.

> 저는 『시』와 『서』, 『예』, 『악』, 『역』, 『춘추』의 육경(六經)을 공부해왔습니다.[3] - 『장자(莊子)』, 「천운(天運)」

당연히 이 일화는 조작에 가깝다. 공자의 시대엔 아직 저 책들을 '육경'이라는 이름으로 묶는 관습도 없었고 경전이라는 관념도 정립되지 않았기 때문이다. 그럼에도 이러한 무리수를 둔 까닭은 그만큼 경을 특별한 것으로 정립하고자 열망했던 소치였다.[4]

---

3 원문은 다음과 같다. "丘治詩書禮樂易春秋六經."
4 공자의 반대편에 섰던 장자가 이렇게 서술한 까닭은, 공자 후예들의 말을 고스란히 가져옴으로써 그들의 어불성설을 풍자하고자 했던 것으로 보인다.

그렇다고 공자가 일찍부터 닦아 왔다는, 훗날 육경이라고 불린 텍스트가 공자의 시대에 아예 없었던 것은 아니다. 아니 그들은 공자가 태어나기 훨씬 이전부터, 천자나 제후의 조정, 곧 관부(官府)에 소장되어 있었다. 공자가 찬술했다는 『춘추』도 노(魯)나라 조정에 보관 중이던 사료가 그 저본이었기

○ '전(典)'의 갑골문
책(冊)을 받들고 있는 형상이다.

에 공자에 앞서 이미 존재하고 있었던 텍스트였다. 지식은 권력의 원천이자 기반이었기에 공자의 시대 직전까지만 해도 모든 학문은 왕실과 관청에만 있을 수 있었고, 그 밖으로 함부로 흘러 나가지 못하도록 통제되고 있었다. 공자가 익혔던 그 책들은 따라서 관부에 보관됐던 고적들이었고, 이런 점에서 훗날 그러니까 이러한 금제가 풀린 후 민간에서 나온 책들과 동렬에 놓일 수 없었다. 관부의 뒤에는 바로 '하늘의 아들' 곧 천자의 권위가 잔뜩 서려 있었기 때문이다.

나아가 유가들은 경에, 신화 속 성군들인 '오제(五帝)'가 편찬했다는, '지고지순의 가치가 담긴 책'이라는 뜻의 '전(典)'자를 결합시켰다. 그렇게 고안된 '경전(經典)'이란 말로 그들은 유가에서 전범이 되는 서적을 일컬었다. 여기에 한 무제 때 수행된, 공자의 학설을 제국 유일의 최고 이념으로 정립하는 작업이 겹쳐

지면서 경은 '중요시했던 책' 정도가 아니라 '제국 최고의 권위를 발산하는' 귀하고 신성한 책, 곧 경전으로 거듭났다.

경전을 중심으로 구축된 책들의 위계질서

덕분에 경전을 존중하는 차원을 넘어 개인적·사회적 차원 모두에서 그것을 종주(宗主)로 받들어 섬기는 태도가 폭넓게 형성됐다. 훗날 '종경(宗經)'이라는 말로 개괄된 이러한 태도는 "내 삶은 육경의 주석이다"라는 극단까지 치닫는다. 경전이 나를 위해 존재하는 것이 아니라, 경전을 위해 내가 존재한다는 관점이 우선시되고 당연시되기도 했다.

이는, 나는 경전이 옳음을 입증하기 위해 태어났고 또 살아간다는 태도로, 사람이 존재하는 이유를 하나님의 뜻을 실현하기 위함이라고 본 중세 유럽의 기독교와 무척 닮아 있었다. 당연히 신의 예속으로부터 인간의 해방을 얻어낸 근대인으로서는 쉬이 동의할 수 없는 사유였다. 그러나 육경 등의 경전이 "중국 2,000여 년의 역사를 만들어냈다"란 진단이 꽤 유효한 것을 보면, '종경'은 쉽게 외면하거나 피해 갈 수 있는 요구가 아니었다. 실제로 종경의 사유 아래 전근대 중국의 학인들은 경전의 권위 속에 자신을 던져 넣었다. 『맹자(孟子)』처럼, 경전이 아니었던 텍스트가 새롭게 경전에 포함되기도 하고 그 역의 경우가 발생해도 경전의 권위엔 별다른 손상이 없었다. 심지어 경전에 해당되는 텍스트가 왕조나 군주의 사사로운 필요에 따라 들락날락하기도 했다.[5] 그럼에도 경전의 권위는 탄탄했고 종경의 태도 또한 여전했다.

이는 경전 공부를 기반으로 사회, 특히 정·관계에 진출하고자 했던 유생들에게 경전은 주어진 대로 그저 열심히 익혀야 할 대상이었음을 일러준다. 왜 이 책들만 경전이 되었는가와 같은 질문을 던져도 되는 대상이 아니었다는 뜻이다. 그렇기에 경전은 선택적으로 공부할 수 있는 대상이 결코 아니었다. 선택은 경전이 아니면서 예부터 있어온, 고적 또는 고전이라 불리는 책들에게서나 가능했을 따름이었다. 가령 역사서나 제자백가들의 책, 문학작품 등이 이에 해당됐다. 실제로 이들 텍스트는 경(經)과는 다른 자세로 읽혔고 사유됐으니, 이는 경과 다른 부류로 여겨졌기에 가능한 현상이었다. 하여 이들은 각각의 내용에 따라 '사(史)'나 '자(子)', '집(集)'이라 명명되면서 경과 구분되었다.

다만 경과 구분됐다고 하여 사나 자, 집에 속하는 텍스트들이 경과 무관했던 것은 결코 아니다. 그들 또한 예부터 있어온 참조할 만한 가치가 충분한 책이라고 검증된 텍스트이기에 경을 보좌할 수 있는 자격을 갖췄다고 평가됐다. 그 결과, 이들은

---

5 유가의 경전은 송(宋)대에 들어 십삼경(十三經)으로 정착되기까지 육경에서 오경으로, 다시 칠경(七經), 구경(九經)으로 들쭉날쭉했다.

경과 함께 '경사자집(經史子集)'으로 병칭되며, 경이 중심인 텍스트 세계의 어엿한 일원으로 자리가 매겨졌다. 경과 사, 자, 집이 대등한 자격으로 병칭된 것이 아니라, 경을 중심 또는 정점으로 하여 사와 자, 집에 해당되는 텍스트들이 위계적으로 배치됐던 것이다.

노닒 터로서의 경전

이처럼 경전을 정점으로 여타의 고전이 위계적으로 배치된 후 그것이 마치 '텍스트 세계'의 전부인 양 제시되는 양상은 고대 중국에만 있었던 특이함은 아니었다.

서양의 역사에서도 이른바 '고전(liber classicus)'이 탈세속적 권위를 지닌 경전(canon)과의 관계에 따라 그 밑에 배속되거나 내쳐지는 방식으로 위계화되어 있었음을 목도할 수 있다. 적어도 고전이 경전의 억압으로부터 자유를 찾게 된 계몽주의 시대 전까지는 『성경』이란 정전 밑에 놓여 있었다는 것이다.[6] 경전을 중심으로 수행된 '책들의 위계화'는 이른바 '고등 문명'에서 공통적으로 목도되는 현상이었던 셈이다.

그렇다면 고대 중국인들이 경전을 대하는 길은 애초부터 섬

---

6 이 책 2부 1장 참조.

김 하나밖에 없었던 것일까? 다소 역설적으로까지 보이지만, 다른 길 또한 공자에게서 비롯된다. 공자가 『시』, 『서』, 『역』과 같은 텍스트가 경전이 되는 데 결정적 역할을 한 장본인으로 치부됐다면, 그의 경전 읽기는 응당 '종경'의 표본이어야 자연스럽다. 그러나 이러한 논리적 판단과는 달리 공자는 경전을 종주로서 받들어 섬겨야 할 대상으로 설정한 적이 없었다. 도리어 그는 "여섯 가지의 학예에서 노닌다[游於藝]"라고 말함으로써, 경전을 '노닒[游]'의 대상으로 설정하는 파격을 선보였다. 여기서 그가 말한 노닒은 어떤 고차원적 경지를 가리키지 않는다. 그건 말 그대로 생활 세계에서 산책하듯 한가로이 노니는 것이다. 내 삶의 어느 한 자락도 경전에 위배되지 않도록 끊임없이 나를 경전에 비춰봄도 필요하겠지만, 그보다는 물속에서 유유히 헤엄치는 물고기처럼 경전을 노닒의 터로 삼아 유유자적 노닐어보자는 것이다. 경전과 나 사이를 범접할 수 없는 권위가 매개하는 것보다는 경전과 나 사이에 아무런 장애도 없는 것이 경전을 삶에 더욱 밀착시킬 수 있지 않겠냐는 제안이었다.

결국 공자에게서 경전을 섬겨야 한다는 지향과 경전을 노닒 터로 삼자는 상반된 지향이 다 나온 셈이다. 이 가운데 앞의 지향은 근대에 들어 해체되었다. 그럼으로써 경은 오늘날 통용되는 고전 개념에 부합되는 텍스트로 그 위상이 재조정되었다. 또한 경전 아래에 위계화되어 있던 사, 자, 집의 텍스트들도 경과 동일한 반열의 고전으로 자립하였다. 다만 '종경'의 습성이 말끔히 가신 것은 아니었다. 고전은 참된 진리와 값진 교훈을 주기에 꼭 읽어야 한다는 식의 주장이 여전한 힘을 발휘하고 있다.

○ 북경 공묘(孔廟)의 공자상

고전이 벗이 되는 놀이

공자에게서 비롯된 또 하나의 지향은 이러한 현대판 '종경'마저도 해체할 수 있다는 점에서 매우 유용하다. 놀이에선 현실의 그 어떤 권력관계도 무용지물이 되듯, 노닒 속에서 고전은 무거운 권위를 벗고 있는 그대로의 모습으로 삶의 한복판으로 초청된다. 그렇게 '오래된 미래'로서의 고전은 사람들과 삶터에서 '부담 없이' 조우한다. 독자를 그 권위에 종속시키는 주인이 아니라 '삶터의 벗'으로서의 고전으로 말이다.

바로 이것이 '지금-여기' 우리의 고전 읽기 현장으로 갖고 들어와야 하는 바이다. 고전의 내용을 맹목적으로 삶터에 복사하는 게 아니라, '놀이하는 인간(homo ludens)'답게 고전에서 노닒으로써 그 속에서 한층 즐거운 나를 펼쳐내는 데에 필요한 동력을

길어내어 보자는 것이다. 때론 혹독하기 그지없는 삶의 여건을
버텨낼 수 있는 힘을 빚어보자는 것이다. 그렇게 고전과 나 사이
를 '노닒'이 매개할 때 비로소 공자가 말한 '문(文)으로 벗을 삼
는다'는 지향은 일상이 된다. 이른바 '이문회우(以文會友)'의 고전
읽기! 고전에서 한가로이 노닒으로써 삶의 벗이 되는 고전, 그랬
을 때 고전은 목적이 아니라 방법으로 오롯이 전유될 수 있을
것이다.

2. 경전 학습과 마음공부

— 학교에서는 어떻게 공부했나

근대가 되기 전, 중국서의 '종경(宗經)' 곧 '경전 섬기기'는 개인의 차원에서만 수행된 것은 아니었다. 국가도 제도적 틀을 갖추는 등 적극적으로 나섰다고 함이 역사 실제에 한층 부합된다. 경전이 섬김의 대상이 되는 데에는 텍스트 자체에 담긴 지식과 경륜의 힘도 컸지만, 그것을 집권의 기반이자 원천으로 삼았던 현실 권력의 힘도 그만큼 컸기 때문이다.

국가가 있으면 학교도 있게 마련

그래서인지 전하는 문헌에 의하면, 꽤 오랜 옛날부터 국가에 의해 학교가 설치됐다고 한다. 이와 관련된 맹자(孟子, 기원전 370~기원전 296)의 설명을 들어보자.

상·서·학·교(庠序學校)를 설치하여 가르쳐야 합니다. '상'은 기른다는 뜻이고 '교'는 가르친다는 뜻이며 '서'는 활을 쏜다는 뜻입니다. 하나라에서는 '교'라 불렸고, 은나라에서는 '서'라 불렸으며 주나라에서는 '상'이라 불렸습니다. '학'은 하, 은, 주 모두에 있었습니다.[7] – 『맹자(孟子)』, 「등문공상(滕文公上)」

하(夏)나라는 그 실재가 확증되지는 않았지만, 중국학계에선 기원전 21세기경에 개국됐다고 보고 있는 고대국가이다. 상(商)으로도 불리는 은(殷)은 하를 이어 기원전 16세기경 개창된 고대국가이고, 기원전 1050년경 주(周)나라로 대체되었다. 그러니 맹자의 기술이 사실이라면 지금으로부터 약 4,000여 년 전부터 학교가 꾸준히 있어온 셈이다. 그리고 설립 주체는 조정으로, 그들은 지금으로 치자면 국공립 교육기관에 해당되었다. 1장에서 서술했듯이 당시는 지식의 민간 유포를 통제했던 시절인지라 민간엔 학교라 할 수 있는 것이 존재할 수 없었다. 그건 시간이 제법 흐른 뒤인 춘추시대에 와서야 비로소 가능해졌다.

관학(官學)이라고 불리게 된 이들 국립 교육기관에서는 천하 경영과 국가 통치에 요청되는 역량을 어려서부터 가르쳤던 듯하다. 『주례(周禮)』, 『국어(國語)』 등의 문헌을 보면, 당시 통치 계층

---

7 원문은 다음과 같다. "設爲庠序學校, 以敎之. 庠者養也, 校者敎也, 序者射也. 夏曰敎, 殷曰序, 周曰庠, 學則三代共之." 주희는 여기서의 학(學)을 국학(國學)이라고 풀었다.

이었던 귀족의 자제에겐 습자와 셈법과 같은 초급 단계의 학예와 훗날 경전으로 존중된 『시』, 『서』 등 고급 지식에 대한 교육이 이뤄졌다. 오늘날로 치면 교과과정이라 할 만한 것이 갖춰져 있었던 셈이다. 또한 교과목이라 부를 만한 것도 이미 존재하고 있었다. 고대 전적에 곧잘 등장하는 육예(六藝)가 그것으로, 이는 '예(禮)'·'악무(樂舞)〔악(樂)〕'·'활쏘기〔사(射)〕'·'수레몰이〔어(御)〕'·'식자(識字)〔서(書)〕'·'산술〔수(數)〕'의 여섯 가지 학예로 이뤄져 있었다. 곧 여섯 개의 교과목이 있었던 것으로, 이들은 늦어도 기원전 11세기 무렵인 주나라 초기에는 이미 도읍에 거주하는 사(士) 이상의 계층을 대상으로 시행되고 있었다.

사실 맹자의 언급처럼 실제로 그런 학교가 저 옛날부터 있었는지, 또 문헌의 기록처럼 육예가 그렇게 체계적으로 교육되었는지 등은 지금으로선 확인하기 어렵다. 그러나 국가 차원에서 교육에 적극 나섰음은 분명 부인하기 어렵다. 지식 없이는 권력의 획득, 유지가 어려웠던 게 당시의 문명 조건이었음을 감안할 때, 조정은 교육에 적극 임할 수밖에 없었을 것이다. 다시 말해 국가를 만들고 이를 다스리고자 하면 학교의 설립은 선택이 아닌 필수였던 셈이다.

사학(私學)의 탄생

관학은 후대로 올수록 생산력의 성장에 힘입어 확충되었다. 다만 문명 수준의 제고와 국가 규모의 확대, 사회적 복잡성의 증대에 따른 교육 수요 또한 커졌던 탓에 그 모두를 수용하기에는 힘이 부쳤다.

하여 사학(私學)이라고 불리는 민간 교육기관이 등장한 것은 어찌 보면 당연한 귀결이었다. 지식이 권력의 원천이자 기반이었지만 조정 또한 다른 방도가 없었다는 듯, 공자의 시대에 이미 사학이 부쩍 늘어나고 있었다. 당시 천자의 나라였던 주(周)의 힘은 현저하게 약화됐고, 각 지역의 제후들은 천하의 패권을 쥐기 위해서 또는 그저 살아남기 위해서라도 부국강병에 열심을 내야 했던 상황이었다. 이에 인재에 대한 수요가 커졌고 교육에 대한 사회적 수요도 더불어 증대됐다. 그럼에도 관에서는 이를 소화할 능력이 부족했으니 결국 민간의 여기저기서 사학이 발흥했고, 힘이 빠진 관부는 이를 용인할 수밖에 없었다.

그런 시대에 사학의 대가로 이름을 떨친 이 가운데 하나가 바로 공자였다. 그는 관리가 되고자 하는 이들이면 신분 고하를 따지지 않고 학생으로 받아들여 그들에게 천하 경영과 국가 통치의 요체를 가르쳤다. 『논어』나 여타의 문헌에서도 입증되듯, 그는 박학과 수양을 공통으로 요구하면서도 학생들의 개인적 역량에 따라 '맞춤형'으로 교육하였다. 그의 '눈높이 교육'을 받은 학생들은 시쳇말로 '잘 팔려'나갔고 그의 성가도 덩달아 높아졌다. 『사기(史記)』를 지은 사마천(司馬遷, 기원전 145?~기원전 86?)의 증언에 의하면 그의 학생은 줄잡아 3,000명이나 되었고, 그중 핵심 제자만 추려도 72명이나 됐다고 한다. 수치엔 그다지 신뢰가 가지는 않지만 공자의 사학이 무척 성공적이었음은 분명했던 듯하다. 특히 그의 사학에서 중국 역사를 정초한 출중한 같은 인물들이 배출되었으니, 그의 사학은 사학 이상으로 여겨질 수밖에 없었다.

한마디로 고대 중국 교육사의 획기적 사건이 일어났던 셈이다. 공자가 성인으로 존숭될수록 그에게서 발원된 사학도 중시될 수밖에 없었으니, 관학뿐만 아니라 사학도 또한 공자의 이름으로 정립됐기 때문이다. 왕조가 거듭되면서 사학이 꾸준히 발달한 것은 당연한 귀결이었다. 특히 관리임용제가 수대(隋代, 589~617)에 이르러 귀족 중심의 추천제에서 고시제인 과거제로 바뀌고, 당대(唐代, 618~907)에 들어 과거제가 뿌리를 내리자 사학은 발전의 획기적 전기를 맞이하게 된다. 여기에 당대 중엽 이래로 민간의 경제 역량이 제고되자 사학은 송대(宋代, 960~1279)의 서원(書院)처럼 드디어 관학을 능가하는 역량을 축적하기에 이른다. 게다가 서원은 출사(出仕)보다는 '천리 체득'과 '성인(聖人) 되기'를 자신의 존립 이유로 표방하였다. 그러니 관에서 서원을 견제할 명분이 없었다. 도리어 황제의 이름으로 서원 건립을 축하하는 경우도 생겼다.

이에 서원은 송대 이후 1,000여 년의 성상 동안 학교 역할을 명실상부하게 수행한 민간의 주된 교육 기구로서, 고대 중국의 교육기관을 대표하는 학교로 우뚝 서게 된다.

학문과 권력의 이중주

다만 서원은 자신이 표방한 취지로 인해 정치권력을 종종 불편케 했다. 하늘의 선함과 성현의 말씀에 비추어 볼 때, 정치권력이 항상 정당화되지는 못했기 때문이다. 청대 초기의 대학자였던 황종희(黃宗羲, 1610~1695)는 학교와 정치권력 간의 관계를 논하는 자리에서 이렇게 말했다.

> 학교가 변하여 서원이 되었다. 그런데 서원에서 그르다는 바가 있으면 조정은 틀림없이 옳다 여기며 자랑스러워하고, 서원에서 옳다 하는 바가 있으면 조정은 반드시 틀렸다며 치욕스러워한다.[8] ― 황종희, 『명이대방록(明夷待訪錄)』, 「학교(學校)」

상술했듯이 서원은 급증한 교육 수요를 적절히 감당하지 못

---

8 원문은 다음과 같다. "學校變而爲書院, 有所非也, 則朝廷必以爲是而榮之. 有所是也, 則朝廷必以爲非而欲之."

했던 관학을 대신하여, 준(準)공립 교육기관의 성격을 띠며 수많은 과거 합격생을 낳았던 관리 배출의 최대 산실이었다. 그럼에도 아이러니하게 서원과 조정은 이럴 정도로 서로 척지고 있었다는 것이다.

그런데 이는 서원의 시대에 국한된 현상은 아니었다. 한대(漢代. 기원전 202~220)는 고대 중국에서 학교란 제도가 본격적으로 갖춰진 시대였는데, 학교와 조정 간의 갈등과 대립은 이때에 이미 노정되고 있었다. 건국 초의 혼란이 수습되자 한의 무제는, 마치 오늘날 서울과 지방 각 거점에 국공립 대학교를 설치한 것처럼, 수도 장안(長安)에는 최고 학부인 태학(太學)을, 지방에는 행정 단위별로 관학을 건립하였다. 그리고 태학엔 오경박사(五經博士)라는 학관(學官)을 설치하고 『시』·『서』·『역』·『춘추』·『예기』별로 박사를 두어 귀족의 자제들을 가르쳤다. 태학이 조정 곧 정치권력에 매우 밀접하게 연관되어 있다는 인상을 받을 수밖에 없는 대목이다.

게다가 천자를 '군사(君師, 군주는 곧 선생)'라 칭하던 관습에서 보이듯, 중국에서 학교는 시작부터 정사(政事)와 긴밀하게 연동되어 있었다. 어느 시기든 통치 계층은 집권의 정당성을 입증해야 했고, 그런 의무를 이행하는 방안의 하나는 피지배층에게 실질적 도움과 이로움을 안겨주는 것이었다. 바로 여기서 교육이 고안되고 정사의 핵으로 설정되었다. 백성을 실질적으로 도와주려면 관리를 그럴 수 있도록 가르쳐야 했기 때문이다. 그래서 상고시대에 있었다는 벽옹(辟雍)이나 명당(明堂) 그리고 앞서 소개했던 상(庠), 교(校), 서(序), 학(學)과 같은 학교에서 길러낸 관리들은 세상을 다스리는 데에 필요한 모든 일을 직접 처리할 수 있었고, 필요한 모든 것을 직접 만들어낼 줄 알았다. 농업을 관장하는 관리라면 직접 논밭을 갈며 백성들을 가르쳤다. 이를 통해 백성들에게 정치가 자신의 삶에 꼭 필요하다는 믿음을 심을 수 있었다. 백성들이 관리에게 필요한 모든 것을 배웠다는, 곧 관리는 백성의 스승이라는 기록의 실상이 바로 이것이었다. 교육은 그렇게 정치와 한 몸을 이뤄왔다.

그러다 생산력이 증진되고 역사적 경험도 축적되자 정사와 교육 모두 각자의 영역에서 더욱 전문화될 필요성이 발생된 듯하다. 그리고 이러한 요구는 제도적 차원에서도 구현된 듯한데, 한대의 태학은 그러한 맥락 위에 서 있었다. 여기서 다시 황종희의 진술을 들어보자.

> 후한(後漢) 때 태학의 학생 3만 명은 권세 높은 자라 하여 가리지 않고 올곧게 발언하고 엄정하게 논파하니, 공경대부들은 그들의 비판을 모면하려 애썼다.[9] - 황종희, 『명이대방록』, 「학교」

여기서 정치권력의 위세에 아랑곳하지 않고 '청의(淸議)'라는

---

9 원문은 다음과 같다. "東漢太學三萬人, 危言深論, 不隱豪强, 公卿避其貶議."

서릿발 같은 여론을 생산하던 태학의 맑은 풍기가 목도된다. 교육은 곧 학문을 전수하는 것으로, 이는 상술한 바와 같이 정사와 밀접하게 연동되어 있었다. 하지만 학문은 한편으로 현실 정치와 비판적 거리를 유지할 필요도 있었다. 그래야 현실 정치가 악해져도 문명천하는 간수될 수 있었기 때문이다. 태학의 학생들이 조정에 대해 서릿발 같은 여론을 쏟아냈음도 이러한 이유에서였다.

물론 고관대작인 공경대부들도 가만히 있지만은 않았다. 조정은, 태학의 학생은 실제 정사에 간여해서는 안 된다는 규정으로 청의에 응대했다. "학교와 조정은 서로 간여하지 않았다"라는 황종희의 보충 발언처럼 교육과 현실 정치권력은 결국 날선 동거를 하고 있던 셈이었다.

경전은 서원의 주인

학교와 조정의 분리, 곧 학술과 정치의 분리는 이렇게 제도적으로 실현됐고, 청의로 상징되는 정치에 대한 학술의 우위는 현실 정치의 발밑을 관류하며 서원으로 고고하게 유전됐다. 서원에 다니는 이들에겐 입신양명이나 정치 참여는 부차적 사안에 불과했다.

다만 이는 어디까지나 '공식적'으로 그러했다는 것이고, 실제에선 과거 대비 전문 학원 노릇을 한 함량 미달의 서원들이 갈수록 늘어났고, 겉으론 세속의 이해관계에 초연한 듯 행했지만 속으론 물결치는 속물적 지향을 주체치 못하는 서원도 생겨났다. 그러나 최소한 주희의 삶과 학문을 올곧게 실현하고자 했던 서원만큼은 경전을 공부하되 그것에 덧대어 있는 정치적 욕망을 벗겨내고 하늘의 도리와 성현의 말씀을 순수하게 익히고자 했다. 그들은 천자를 도와 하늘의 선한 뜻으로 세상을 널리 이롭게 하는 것도 중시했지만, 그보다는 절대적으로 선한 천리를 체현한다는 목표를 더 중시했다. 가치 면에서 이보다 큰 일은 있을 수 없다고 여기기도 했다. 학술과 현실 정치의 거리가 더욱 벌어진 셈이었다. 그러다 '서원과 조정은 서로 등을 지는' 형국마저 초래됐던 것이다. 그 결과, 적어도 서원에서만큼은 경전을 떠받치던 정치적 권위는 부차적 자리로 밀렸고, 그 중심은 하늘의 선함과 성현의 가르침으로 오롯이 채워져 있었다.

이는, 경전이 서원의 주인으로 우뚝 섰음을 말해준다. 경전엔 하늘의 선함과 성현의 가르침이 온전히 담겨 있다는 믿음 때문이었다. 하여 서원에 모인 이들은 일상을 공유한 채로 경전을 강독하며, 그에 담긴 천리와 성현의 말씀을 규명코자 치열하게 담론하였고, 이를 생활 세계로 확충하는 데에 힘썼다. 『대학』에 나오는 '격물치지(格物致知)' 그러니까 '만사만물로 나아가 앎을 이룩한다'는 지향은 이러한 목표 달성을 향한 첫걸음이자 기본이었다. 다만 사람은 유한한 존재이기에, 쉼 없이 노력하며 장수해도 접할 수 있는 범위는 한정되어 있었다. 이에 성현과 선학의 저술에 대한 독서가 강조됐다. 거기에는 격물하여 일구어낸 앎이 풍요롭게 담겨 있다고 여겨졌기 때문이다. 그렇다고 무비판적으로 공부한 것도 아니었다. 비판적 읽기와 일상적 실천이란 요구가 독서의 앞뒤에 유기적으로 배치되어 있었다. 이것이 『중용』에서 규정한, '박학(博學)→심문(審問)→신사(愼思)→명변(明辯)→독행(篤行)'이라는 공부법의 실제였다. 널리 학습하고 살펴 물으며 깊이 사유하고 분명하게 변별해냄으로써 독실한 실천으로 이어지는 공부의 회로, 서원은 그러한 회로가 일상적으로 구동되는 장이었다.

문제는 이러한 공부법이 학습자 간 개인 역량의 차이 등을 도외시한 채 단계별 학습을 강조한 데서 비롯되었다. 자칫하면 이 단계를 먼저 밟아간 이의 권위가 지나치게 강조되고, 이는 다시 서원의 권위를 배타적으로 내세우는 폐단으로 흐를 수 있었기 때문이다.

내 마음이 곧 경전이다

세월이 흐르면서 이러한 우려가 속속 현실화됐다. 학술적 권위를 남용하는 서원이 속출했고, 자신들의 서원이 입신양명의 지름길이란 점을 공공연히 앞세우는 서원마저 나타났다. 어느덧 서원은 적폐의 근원으로 지목되는 지경에 처해졌다. 이에 오염된 서원을 거부하며 새로운 면모의 서원을 도모한 이들이 등장했다. 바로 심학(心學)을 제창한 왕양명(王陽明, 1472~1529)과 그의 제자들 그러니까 양명학도들이 그들이었다.

이들은, 천리는 '나' 바깥에, 어디 초월론적 세계 같은 데에 별도로 있는 것이 아니라, 태어날 때부터 이미 '나'의 마음에 내재하여 있다면서 주자학을 비판해왔던 터였다. 하여 그들의 서원에선 주자학도의 서원과는 사뭇 다른 풍경이 펼쳐지고 있었다. 그곳에선 사농공상(士農工商)이 신분의 벽을 넘어 한데 어울려 강학(講學)에 참여할 수 있었다. 천리는 계층을 불문하고 어떤 사람에게든 다 부여된 것이기에 굳이 사대부 계층만이 천리를 체득하는 것은 아니라고 본 결과였다. 게다가 강학은 강독과 달리 학습에 참여한 모든 이들이 토론과 대화에 적극 참여할 수 있는 형식이었다. 주자학도의 서원에서처럼 수학 연한에 따라 경전을 달리하며 엄격하게 해독하고 정밀하게 주해하는 풍경도 드물었다. 학문의 기초가 약한 계층을 위한 배려 때문이 아니었다. 그보다는 마음에 내재된 천리를 깨닫는 공부가 꼭 경전 독해를 통해서만 가능하다고 보지 않았기 때문이었다.

그렇다고 이들이 주자학적 서원에서 중시한 격물치지나 박학에서 독행으로 이어지는 공부법을 부정한 것은 아니었다. 다만 그러한 공부법으로 도달해야 하는 목표는 경전에 담긴 천리나 성현 말씀의 정확한 원의(原義) 규명이 아니라, 자신의 마음에 내장된 절대적 선으로서의 천리를 온전히 자각하고 보존하며 그에 의거한 일상의 구성이어야 한다고 여겼을 따름이다. 맹자의 주장처럼 사람은 누구나 선천적 지성[양지(良志)]과 선천적 역량[양능(良能)]을 지닌 채로 태어나므로 그 선천적 지성과 역능에 의거하면 경전 공부를 하지 않는다 해도 익히 자기 마음에 내재된 천리를 깨닫고 이를 온전히 복원, 유지할 수 있다는 것이었다. 이것이 바로 태어날 때부터 마음에 들어 있던 '하늘의 선한 앎을 온전히 깨친다'는 '치양지(致良知)'의 공부였다. 양명학도에게 마음은 그저 갖은 감정과 욕망으로 가득한 곳이 아니라 애초부터 천리가 깃들어 있는, 그런 점에서 문자로 된 경전보다 더 순전한 경전이었던 셈이다.

따라서 이들은 경전 강독보다는 사제 간의 격의 없는 토론과 대화가 가능했던 강학을 선호했다. 또한 『대학』의 '정심성의(正心誠意)' 곧 '마음을 바로잡고 뜻을 정성스럽게 유지하는' 공부를 격물치지의 공부보다 더욱 강조했다. 그랬을 때 비로소 '일상에서 해야 할 일을 하면서 자신을 연마할 수 있게' 된다는 것이다. 이것이 바로 '사상마련(事上磨練)'의 공부법으로, 왕양명의 후예들은 이를 통해 누구나 생업에 종사하면서도 능히 천리를 체득하여 성인이 될 수 있다고 확신하였다. 그들에겐 "거리에 가득한 이가 다 성인"[10]이라는 왕양명의 선언이 결코 헛된 과장이 아니었던 것이다.

공부를 벗어난 공부, 학교를 탈피한 학교

양명학자들에겐 이처럼 오랜 텍스트는 물론이고, 고전 중의 고전인 경전조차도 꼭 익혀야 되는 것은 아니었다. 그것의 도움 없이도 앎을 획득하고 선을 이룰 수 있었으니, 경전에 서려 있던 정치적·학술적 권위는 이들 앞에선 무기력해질 수밖에 없었다.

아니, 왕양명의 문도들은 공자의 이름으로 이를 적극적으로 허물기도 했다. 그들이 보기에 공자는 옛 성인들처럼 "모든 사람들과 함께 밝히고 함께 이루었던 학문"[11]을 행한 전형이었다. 그는 자신의 학교인 살구나무 아래[행단(杏壇)]서, 월사금을 낸 이라면 출신 계층을 따지지 않고 누구든지 가르쳤다. 공부를 하고자 하는 이가 있다면 그가 누구든 교육이 그에게 베풀어져야 마땅하다는 태도였다. 또한 그는 동일한 목표를 위한 단일한 내용만을 가르치지도 않았다. 그의 문하에는 여섯 경전에 대한 총체적이고도 상세한 이해를 전수받은 72명의 제자가 있었는가 하면, 먹고사는 데에 필요한 직능을 익히고 실용적 지식을 얻는 데에 만족한 수천의 문도들도 있었다. 하여 공자의 수제자 중 하나인 자하(子夏, 기원전 507~기원전 420?)는 스승의 가르침을 회고하며, 뜰에 물 뿌리고 마당을 쓸며 손님을 대접하고, 들고

---

10 원문은 다음과 같다. "滿街都是聖人."
11 원문은 다음과 같다. "人人共明共成之學".

남에 몸가짐을 바로 하는 것이 바로 학문이라고 단언할 수 있었
다. 공자도 그저 제자들과 일상을 공유한 채로, 고전으로 벗 삼
아〔이문회우(以文會友)〕 삶을 놓고 대화하고 앎에 대해 실천하며
그들과 '함께' 경전에서 노닐고자 했을 뿐이었다.

학교와 경전에서 학술적 권위마저 벗겨낸 양명학자들은 제반
권위를 벗겨낸 자리에 '삶에 붙은 앎〔지행합일(知行合一)〕'과 '함께
하는 노닒〔유어예(游於藝)〕'을 채워 넣었다. 꼭 서원 안이 아니어
도 됐다. 공부를 원하는 이가 있는 곳이면 기꺼이 임하여 강학
을 수행했다. 그리하여 공자의 행단이 그러했듯이, 양명학도들
의 서원도, 선생이라고 생각하지 않는 이와 학생이라고 생각하
지 않는 이들이 어떤 나무 밑에서 이야기하는 것에서 시작된 그
런 학교[12]를 빚어냈다.

---

12 학교 기원에 대한 현대 건축가인 루이스 칸의 통찰이다. 필자는 이를 김경인이 지은
『공간이 아이를 바꾼다 ― 궁정의 건축으로 다시 짓는 대한민국 교육』(중앙북스, 2014)의
256~257쪽에서 접했다.

3. 인간, 영혼에 역사를 품은 존재

전근대 시기, 한자권에서는 경전 학습과 마음공부를 통해 어떠한 인간을 빚어내고자 했던 것일까? 이에 답하려면 먼저 고대 중국인들이 사람을 어떻게 바라보았는지를 살펴볼 필요가 있다. 이른바 '인성론(人性論)'이라고 불리는 사람의 본성에 대한 사유 말이다.

사람은 선악 중 무엇을 지니고 태어날까?

'생각이 드는' 것과 '생각을 하는' 것의 차이는 무엇일까? 어느 쪽이 더 쉬울까? 또는 일상에서 더 쉽게 경험할 수 있을까? 나아가 어느 쪽의 생각이 사람들 동의를 쉬이 얻을 수 있을까? 한자권에서 인성론 하면, 성악설과 성선설이 지난 2,000여 년 동안 늘 논의의 중심에 서 있었다. 그런데 그 생각들은 '든' 것일까 아니면 '한' 것일까? 또 어느 쪽이 더 잘 경험되고 쉽게 이해되며 더 큰 지지를 받았을까?

이모저모 따져봤을 때 고대 중국인들에게 더 많은 지지를 받은 것은 성악설이었다. 그 까닭은 별 노력 없이도 그런 생각이 절로 들었기 때문이었다. 본성이 선하다는 생각을 야기하는 모습은 작심하고 지켜봐야 목도할 수 있었지만, 사람은 다 악하다는 생각을 들게 하는 모습은 일상을 살다 보면 흔하게 접할 수 있었다. 하여 성악설은 순자가 체계화하여 제시하기 전에 이미 널리 퍼져 있었다. 그는 결코 성악설의 '지적재산권자'가 아니었다. 반면에 성선설은 이를 처음 개진한 맹자 사후, 한참의 시간이 흐른 뒤에야 주류적 인성론으로 자리 잡았다. 지식사회에서 넓은 지지를 획득한 것은 12세기의 일이었고, 조정에 의해 제국 최고의 통치 이념으로 정립된 것은 13세기의 일이었다. 그러니까 성악설을 집대성한 순자 계열이, 성리학이 주류가 되기 전 줄잡아 천수백여 년의 세월 동안 중국을 지배했던 것이다. 여기에 문명 발생의 계기에 대한 통찰을 감안하면 사람의 본성이 악하다는 생각이 참으로 오래되었음을 알게 된다.

천지가 갖추어진 후에 사람이 생겨났다. 그 시절, 사람은 자신의 어머니는 알아도 아버지는 몰랐다. 그들의 도는 혈족을 편애하고 사사로움을 밝히는 것이다. 혈족을 편애하면 편을 가르게 되고, 사사로움을 밝히면 남을 해치게 된다. 그러다 사람이 많아지자 서로 편을 가르고 해침을 일삼아 사람들이 혼란에 빠졌다.[13] – 『상군서(商君書)』「개색(開塞)」

이 글의 필자는 법가식 개혁으로 진(秦)나라를 강대국으로 탈바꿈시킨 상앙(商鞅, 기원전 395?~기원전 338)이다. 그는 이어지는 대목에서, 개개인의 혈족 편애와 사사로움의 추구는 결국 사회를 해체 직전까지 몰아넣었고 이를 구제하고자 군왕을 세우고 법령을 만들었다고 증언한다. 곧 사적 이해관계를 제어함으로써 비로소 문명을 일궈낼 수 있었다는 것으로, 사람을 있는 그대로 놔두면 혼란을 초래하는 '악'한 존재로 본 셈이었다. '사적 이해관계'를 '이기적 유전자'의 자기 전개, 곧 생물로서의 사람이 생명 부지와 생활 영위를 위해 취하게 된 자연스러운 활동으로 볼 수 있음에도 이것이 사회적 제재 대상으로 설정됐으니, 사람은 으레 악하기 마련이라는 생각의 뿌리는 문명의 기원과 잇닿아 있을 정도로 깊고도 오래됐던 것이다.

---

13 원문은 다음과 같다. "天地設而民生之. 當此之時也, 民知其母而不知其父, 其道親親而愛私. 親親則別, 愛私則險. 民衆, 而以別險爲務, 則民亂."

섬처럼 고립됐던 성선설

문명기원론 같은 거창한 통찰에 기댈 필요까지도 없다. 그런 모습을 제어해야 할 '사회적 악'으로 보는 한, 어느 시대나 지역을 막론하고 인성이 악하다는 진술은 주변을 둘러보기만 해도 또 자신을 비춰보는 것만으로도 충분히 고개를 끄덕일 수 있는 생각이었다.

반면에 사람이 선하다는 생각은 의식적으로 궁리를 해야 비로소 '하게' 된다. 이를 설득력 있게 펼쳐내려면 증명해야 할 바가 제법 많았기 때문이다. 가령 '사람의 본성이 선하다고 하던데, 그럼 그 선함은 사람의 어디에 있나?'와 같은 물음에 답할 수 있어야 했다. 성악설은 자신의 기억과 경험이 '나는 악하다'는 생각을 '직접적으로' 지지하기에 이러한 질문이 촉발될 여지가 별로 없다. 성선설은 이와는 정반대이기에 납득할 만한 설득이 요청됐다. 그래서 맹자는 그 이전까지 사람의 심장이나 욕망, 감정 같은 구체적 사물이나 현상을 가리켰던 마음[心]을 추상화한 후 거기에 하늘이 부여한 선한 본성이 들어 있다고 하였다. 그러곤 그 증거로 '양지(良知)'와 '양능(良能)'을 제시했다. 누가 가르쳐준 적이 없음에도 갓난아이는 배고프면 울 줄 알고 엄마 젖 쪽으로 고개를 돌릴 줄 아는 것처럼, 사람은 누구나 하늘이 부여한 '절대적으로 선한[良]' 앎과 능력을 지녔다고 설파하였다.

문제는, 이러한 맹자의 설명에 사람들이 고개를 갸우뚱거렸다는 점이었다. 사람들은 마음 내키는 대로 행하다간 처벌받기 십상임을 '경험적으로' 익히 알고 있었다. 이는 비단 앞서 소개한 상앙의 언급뿐 아니라, 시대와 지역을 불문하고 교육의 주된 내용이 사적 이해관계의 일방적 추구에 대한 사회적 제어였음을 통해서도 확인된다. 그런데 그런 마음에 선한 본성이, 그것도 하늘의 선함과 똑같은 선함이 들어 있다고 하니 의아해할 수밖에 없었다. 게다가 성선설을 이해하는 데에는 형이상학을 사유할 수 있는 역량이 요청됐다. 현상적으로 악한 행위를 하는 사람들에게서, '절대적으로 선한 본성'이란 눈에 보이지 않는 공통의 속성을 찾아내기 위해서는 '추상화'란 사유의 기술이 필요했다. 논자들은 맹자의 시대에 들어, 그러니까 기원전 4세기경에는 이러한 사유의 기술이 본격적으로 보급되었다고 한다. 실제로 '명가(名家)'라 불리는 이들이 나와 '형식논리학'을 본격적으로 펼쳐냈고, 실용적이지 못했다며 그들을 비판했던 이들조차 추상적 개념을 기반으로 자기주장을 펼쳐내곤 했다. 맹자가 성선설이란 '형이상학'적 생각을 할 수 있었던 조건은 갖춰졌던 셈이다.

그럼에도 그의 성선설은 별로 지지받지 못했다. 인성론의 주류는 성악설이거나 인성에 도덕적 잣대를 대지 않았던 '성무선악설(性無善惡說)' 그러니까 사람의 본성에는 선이나 악 모두 담겨 있지 않다는 견해, 사람 본성은 이익을 탐하기 마련인데 이익을 탐하는 것 자체는 도덕적 선악과 무관하다는 '탐리적(貪利

的)' 인성론 등이었다. 이런 상황에서 성선설은 비유컨대 섬과 같이 존재하고 있었을 따름이었다. 아직은 형이상학이 지식사회의 주류가 되기엔 전통의 힘이 여전히 셌던 것이다.

옛사람은 그의 시와 글을 통해 벗 삼고

흥미로운 점은, 성악설이든 성선설이든, 또 성무선악설이든 탐리적 인성론이든 간에, 인간에겐 그래서 교육이 절대적으로 필요하다는 인식에는 모두 동의했다는 점이다. 악한 본성을 고치기 위해서, 선한 본성을 지키기 위해서, 백지 같은 본성을 선하게 만들기 위해서, 정해진 분수에 맞게 이익을 추구하기 위해서는 교육밖엔 다른 방도가 없음을 인정한 셈이었다.

결국 사람의 본성이 어떻든 간에 사회를 이루고 사는 한, 사람은 교육을 받아야 비로소 '사회적 동물'로서 살아갈 수 있게 된다는 뜻이다. 여기서 고대 중국인들이 사람의 본성에 대한 관심만큼이나 '사람을 어떻게 키워야 하는가'에도 자못 주목했음을 알게 된다. 이것이 저 옛날에 이미 국가가 형성되면 교육도 갖춰지게 마련이었던[14] 또 하나의 이유였을 것이다. 그렇다면 고대 중국인들은 교육을 통해 과연 어떠한 사람을 빚어내고자 했

14 이에 대해서는 2장을 참조할 것.

을까? 이와 관련하여 먼저 벗에 대한 맹자의 논의부터 보자. 그는 제자 만장에게 벗을 삼는다는 활동에 대하여 다음과 같이 일러주었다.

> 한 고을에서 빼어난 이는 다른 고을의 빼어난 이와 벗하고, 한 나라에서 빼어난 이는 다른 나라의 빼어난 이와 벗하며, 천하에서 빼어난 이는 천하의 빼어난 이와 벗한다. 천하의 빼어난 이와 벗함에도 부족하면 거슬러 올라가 옛사람들을 따져본다. 그런데 그들의 시를 읊조리고 글을 읽음에 그 사람됨을 몰라서야 되겠는가? 그래서 그들이 살던 시대를 따져보게 되니 이것이 '거슬러 올라가 벗한다'는 것이다.[15] ― 『맹자』 「만장하(萬章下)」

사숙한 공자가 "자신보다 못한 이와는 벗하지 말라"[16] 당부해서 그랬던 것일까, 맹자는 못해도 자신과 같은 수준에서 벗을 찾아야 하며 온 천하에 벗할 만한 이가 없다면 응당 역사를 뒤져서라도 자기보다 나은 벗을 찾으라고 권유한다. 이미 망자가 된 그들이니 당연히 곡차 한 잔에 담론 한 자락조차 주고받지 못하리라. 그래도 맹자가 보기엔 상관없었다. "벗한다는 것

15 원문은 다음과 같다. "一鄕之善士, 斯友一鄕之善士. 一國之善士, 斯友一國之善士. 天下之善士, 斯友天下之善士. 以友天下之善士, 爲未足, 又尙論古之人. 頌其詩, 讀其書, 不知其人, 可乎. 是以, 論其世也, 是尙友也."
16 『논어』 「학이(學而)」편에 나오는 말로 원문은 "無友不如己者."이다.

은 그 사람의 덕德과 벗하는 것"[17]이고 사람의 덕이란 모름지기 문면에 새겨지고 행간에 스며들기 마련이니, 옛사람의 시와 글을 읽으면 그들과 벗할 수 있다고 단언했다. 옛사람 자체는 생사를 초월하여 존재할 수 없지만 그들의 덕은 글에 담김으로써 시공을 가로질러 후세에 유전될 수 있기 때문이다. 공자가 삶을 통해 몸소 보여줬던 '이문회우(以文會友)' 곧 '고전으로 벗을 삼는다'는 지향을 자기 식으로 변주해낸 셈이다. 고전은 이처럼 역사를 현재로 소환하여 현재의 폭을 넓혀주고 그것에 시간적 깊이를 가해주는 도구였다. 옛사람의 육신은 흔적 없이 사라졌지만 그의 글에 저장됐던 정신은 읽는 이의 삶터에서 살아 움직일 수 있기에, 벗 삼은 고인이 살던 시대는 읽는 이에겐 생생한 현실로 부활된다.

그럼으로써 덕분에 기껏해야 100년 남짓 사는 인간은 태곳적 역사조차 생생한 현실로 누릴 수 있게 된다. 그런 이의 삶에서 역사는 화석처럼 전시되고 마는 게 아니라, 읽는 이와 함께 살아가며 그의 삶에 실질적 영향을 미친다. 고전을 벗 삼아 만나는 역사는 그저 관념이 아니라 나와 내 삶의 물리적 힘이 된다는 것이다.

---

17 원문은 다음과 같다. "萬章 問曰 敢問友 孟子曰 不挾長 不挾貴 不挾兄弟而友 友也者 友其德也 不可以有挾也."

부당한 세상을 '살아내는' 힘, 역사

하여 고전을 익힌 이는 역사를 자기 삶의 준거로 삼을 줄 안다. 고전을 배운다 함은 역사를 현실로 통합해내어 자기 삶을 구성해가는 활동 그 자체이다. 이는, 인간이 공시적 천하만을 유의미한 삶터로 여길 줄 아는 존재 그 이상임을 시사해준다.

> 선친께서 말씀하시기를 "주공(周公)이 돌아가신 지 500년 후에 공자가 태어났다. 공자가 돌아가신 뒤로 지금까지 500년이 지났으니, 다시 밝은 세상을 이어받아 『역경(易經)』을 바로잡고 『춘추』를 계승하며 『시경(詩經)』·『서경(書經)』·『예기(禮記)』·『악경(樂經)』의 세계에 근본을 두는 사람이 나올 것이다." 선친의 뜻이 여기 있었으니, 내 어찌 외람되이 이 일을 거부할 수 있겠는가? - 사마천, 『사기』 「태사공자서(太史公自序)」

『사기』의 탈고를 앞둔 사마천의 고백이다. 그는 한 무제의 면전에서, 최후의 순간에 흉노에게 투항한 이릉(李陵, 기원전 ?~기원전 74)이란 장수를 옹호했다. 그가 보기에 5,000의 병사로 십수만의 병력을 상대하여 연전연승을 거둔 이릉은 분명 영웅이었다.

실제로 이릉은 스스로 미래를 구성해갈 줄 아는 인물이었다. 『한서(漢書)』의 기록에 의하면, 그는 누가 시킨 것도 아닌데 틈틈이 흉노의 땅으로 숨어들어 지형 지리를 익혔다. 무제가 반드시 흉노를 원정할 것이라 예측하고는 이를 앞서 대비할 줄 알았던 지혜로운 이였다. 흉노 원정군의 선발대장으로 자천하는 과정에선 비현실적 조건을 내거는 등 무모하기도 했지만, 실제 전투에선 절정의 전투력을 자랑하던 흉노의 기병에 맞서 소수의 보병으로 빛나는 전공을 거듭 세운 용장이었다. 게다가 군수물자가 소진되고 후방 지원에 대한 기대가 무너졌을 때는 야음을 틈타 부하들을 전장에서 벗어나게끔 배려할 줄도 알았던 덕장이기도 했다.

하여 이릉은 충분히 정당화될 만했다. 사마천도 그의 항복을 극한의 상황에서 취한 피치 못할 선택이었다고 판단했던 듯하다. 따라서 항복을 선택한 이릉을 문제 삼고자 한다면 이에 앞서 그를 부득이한 상황으로 몰아간 세력들을 먼저 치죄했어야 했다. 역사를 닦으며 키워온 그의 지성이 이 점을 간과했을 리도 없고, 그 정신이 이를 따지지 않고 그냥 넘어갔을 가능성은 적었다. 급기야 무제의 사형 언도가 이어졌고 사마천은 투옥된다. 그렇게 목숨이 경각에 달렸을 때 사마천은 치욕의 끝인 궁형을 자처했다. 당시 법령으론 3,000석에 해당되는 어마어마한 벌금을 내면 사면되었지만, 그에겐 그만한 거금이 없었다. 그렇다고 역사책을 완성하라는 부친의 유언을 놔두고 죽음을 선택할 수는 없었다. 부친의 명은 사적으로는 역사가 집안으로서 높은 명망을 누렸던 옛 영광을 재건하는 것이고, 공적으로는 성현의 출현을 예비하는 대업이기 때문이었다. 그 위대함에 비추어

볼 때 궁형이라는 굴욕은 그저 '작은 절개(小節)'에 불과했다. 그에겐 역사 서술이라는 크나큰 사업의 완수가 살아감의 이유였으니, '나의 삶이 영화로운가, 치욕스러운가?' 따위의 문제로 대업을 포기할 수는 없었음이다.

고전, 사람을 역사적 존재로 만들어주는 매체

원한이 없을 리 없었다. 『사기』의 서문 격인 「태사공자서」에는 "이것이 내 죄란 말이냐? 이것이 내 죄란 말이냐?" 하며 깊이 회의하며 장탄식하는 그의 모습이 선연히 드러나 있다.

그러나 남성성을 제거하면서까지 목숨을 구걸했다는 손가락질보다 더 견딜 수 없었던 것은, 주공에서 공자로 이어지고 공자에서 또 누군가에게 이어질 천 년 역사의 줄기가 자신에게서 끊어졌다는 후세의 지탄이었던 듯싶다. 부당하게 역적으로 내몰리는 이릉을 끝까지 변호하다 역사의 큰 흐름을 후세에 전해주지 못한다면, 이는 작은 절개를 지키기 위해 대의를 해치는 소인배의 안목에 불과하다고 여겼던 듯하다. 가만히 살펴보니 주공은 온갖 모함 속에서도 묵묵히 부친 문왕(文王)의 유지를 이어받아 문물을 꽃피웠고, 공자는 세상에서 버림받았음에도 아랑곳하지 않고 『춘추』라는 사서를 편찬하여 만고 후세에 전범을 드리웠다. "다시 밝은 세상을 이어받아 『역경』을 바로잡고 『춘추』를 계승하며 『시경』·『서경』·『예기』·『악경』의 세계에 근본을 두는 사람이 나올 것"이라는 선친의 유지가 떠올랐을 법하다.

답은, 억울함이 해소되기는커녕 도리어 확대 재생산되는 현재에 있지 않고 역사에 있었다. 그리고 길은 『역경』, 『춘추』 같은 고전에 있었다. 고전을 통해 현재로 틈입하는 역사는, 진리가 실현되는 모습을 확인하고 싶어 하는 이들에게 자신의 삶에 역사를 현실로 품으라고 일러준다. 하여 사마천의 부친은 고전을 계승하며 고전에 뿌리를 두는 이가 천 년의 역사를 이어받으리라고 예언할 수 있었다 그래서 사마천은 궁형을 자처했고 그렇게 부지케 된 목숨을 불살라 10여 년 만에 불세출의 거작 『사기』를 완성했다. 인간은 그렇게 고전을 만나 자기 영혼에 역사를 품을 줄 아는 존재였으니, 이것이 교육을 통해 빚어내고자 한 인간이었던 것이다.

4. 고전의 해석이 곧 권력

고전의 장악이 현실 권력의 장악과 직결된 곳의 이야기이다. 전근대 시기, 학술과 정치가 일체를 이루고 있되, 학술이 정치보다 우위를 점한 곳이 있었다. 그렇다. 고대 중국의 이야기다. 그곳에서 학술이 정치와 일체를 이루며 정사를 주도하는 방식은 적어도 두 가지가 있었다. 하나는 학술의 중핵인 고전의 내용 자체에서 집권의 근거와 정당성을 구성해내는 것이고, 다른 하나는 고전의 내용에 대한 해석에서 그러한 바들을 구성해내는 방식이다.

고전 없이는 천하를 다스릴 수 없다

그러한 곳에서 고전을 참신하게 해석해 새로운 지식과 정책을 생산해낸다면, 게다가 지식 대중의 호응까지 가히 선풍적이라고 한다면 어떠한 현상이 일어날까.

> 육가(陸賈)는 진언할 때마다 『시경』과 『서경』을 언급했다. 그러
> 자 한(漢) 고조(高祖)가 그를 책망했다. "나는 말 위에서 살다
> 시피 하며 천하를 얻었는데 어찌 『시경』과 『서경』을 받들겠는
> 가!" 그러자 육가가 아뢰었다. "말 위에서 살다시피 하며 천하
> 를 얻을 수는 있어도 어찌 말 위에서 천하를 다스릴 수 있겠
> 습니까?" - 사마천, 『사기』「역생육가열전(酈生陸賈列傳)」

한을 건국한 고조 유방(劉邦, 기원전 256~기원전 195)은 '유맹(流
氓)' 그러니까 깡패 출신이다. 그래서 문제라는 뜻이 아니다. 사
회의 밑바닥에서 황제의 자리에까지 올랐으니 예사로운 사람은
분명 아니었다. 다만 역사를 찬찬히 익힐 기회가 없었던지라 천
하의 통치에는 문(文)과 무(武), 이 둘의 조화로운 날갯짓이 필요
하다는 섭리를 깨닫지 못하고 있었다. 그러니 제국의 통치에 고
전이 어떤 효용을 지니는지 알 리 만무했다. 하여 그는 입만 떼
면 『시경』, 『서경』을 운운하는 육가에게 말 위에서 천하를 얻은
자신에게 어찌 『시경』, 『서경』을 받들라고 하냐며 힐난하던 참
이었다. 그러다 육가가, 말 위에서 천하를 얻음이 가능하다고 하
여 거기서 천하를 다스리는 것이 가당키나 하겠냐고 되받아치
자, 왜 그가 틈만 나면 고전을 언급했는지 그 의도를 알아챘다.
고조는 그에게 제국 통치의 기틀로 삼을 만한 대계를 물었고,

이에 육가는 『신어(新語)』라는 글을 올려 유가의 이념을 바탕으로 천하를 통치하는 방책을 제시했다. 채택된다면 오경 등 유가의 고전이 제국의 이념적 기틀을 주조하는 원천으로 거듭나게 되는 상황이었다.

한 황실은 건국 직후부터 황로학(黃老學)을 신봉하고 있었다. 황로학은 전설상의 성군인 황제(黃帝)와 도가의 시조 격인 노자(老子)의 가르침을 좇는다는 뜻에서 붙여진 이름으로, 법령은 최소한으로 갖추고 욕망을 줄이면서 자연을 닮아가는 삶을 살자는 것이 요체인 사유였다. 실제로 한 고조는 진시황(秦始皇, 기원전 259~기원전 210)의 실정을 거울삼아 법령을 대폭 줄였고 방임에 가까운 정사를 펼쳤다. 주지하듯 진시황은 엄격하고 촘촘하기 그지없는 법치로 인해 천하의 인심을 잃었고, 결국 진 제국이 단명하는 데에 결정적 단초를 제공하였다. 한 고조는 이에 살인한 자와 남을 다치게 한 자, 도둑질한 자만 처벌하고, 나머지 진의 법률은 모두 폐한다는 내용의 '약법삼장(約法三章)'을 제시했다.

또한 욕망을 줄이기 위해서는 지식의 다이어트가 필수적이었다. 하여 노자는 인위적 지식을 부정했던 것인데, 황로학을 숭상한 한 황실도 지식의 보급과 제고, 곧 교육에 대해 그다지 관심을 기울이지 않았다. 게다가 진시황 때 제정된 책을 들고 다니면 처벌하는 '협서율(挾書律)'이 폐지되지 않는 등 시대의 풍기는 여전히 반(反)지성적이었다.

유가의 고전, 제국 최고의 통치 이념이 되다

이러한 분위기에서 유가의 고전을 익힌 이들이 제국의 통치에 참여할 길이 넓혀졌다는 소식은 분명 유생 집단을 들썩거리게 했을 것이다. 동시에 정계를 장악하고 있던 이들, 곧 '말 위에서 천하를 차지한' 이들도 그에 못지않게, 아니 그보다도 더 민감하고도 재게 반응했을 것이다. 실제로 유학의 필요성을 인정한 것은 고조 때의 일이었지만, 유생이 정계에 대거 진출하여 조정을 장악한 것은 5대 황제인 무제(武帝, 기원전 156~기원전 87) 때의 일이었다. 못 돼도 60년가량이란 결코 짧지 않은 시간이 걸린 셈이었다.

무제는 제위에 오른 후 제국의 이념적 기틀을 튼실하게 다질 필요성을 느꼈고 이에 백관에게 무엇을 제국 최고의 통치 이념으로 삼을지에 대해 하문하였다. 신하들이 올린 대책을 검토하던 중 그의 눈길이 동중서(董仲舒, 기원전 179~기원전 104)란 유생이 올린 방책에 머물렀다. 이후 무제와 동중서 사이엔 두어 차례 더 글이 오갔고 마침내 무제는 유학을 제국 최고의 통치 이념으로 선정하였다. 겸하여 태학을 설치하는 등 교육제도를 정비하였고 오경박사를 두어 유가 이념을 기반으로 제국을 경영하고자 하였다. 이로써 성인이 전수한 가르침을 기반으로 왕도정치를 수행한다는 유가의 지향이 확고한 제도적 기반을 확보하게 됐다.

당시 유가들이 공부했던 경전은 훗날 '금문경(今文經)'이라 불렸던 유가의 고전이었다. 공자의 학설은 전래 과정에서 하마터면 사라질 뻔한 위기에 봉착한 적이 있었다. 진시황의 분서갱유 때문이었는데 그때 문자로 정착되었던 유가의 전적 대부분이 소실되었다. 다만 다행히도 경전을 구전해줄 수 있는 유생들이 살아남았고, 한대 초엽의 유생 대부분은 그들에게서 유가의 고전을 익혔다. 사실 한대 초엽까지만 해도 문명 전파의 주된 형식은 구두 전승이었다. 물론 전국시대에 구전되어왔던 텍스트들이 문자로 정착되기 시작했고, 자신의 사유를 책으로 엮어내는 현상이 본격적으로 시도되고 있었다. 그렇지만 아직은 구두 전승이 문명 전파의 주력이었다. 하여 진시황이 제국의 이념적 토대를 강화하고자 사상 통일 작업을 벌였을 때 책만 태운 것이 아니라 유생들도 파묻었던 것이다. 입에서 귀로 전승되는 텍스트를 파괴하지 않고서는 이념의 통일은 불가능하다는 판단 때문이었다. 다만 모든 책과 유생을 제거하기엔 진 제국의 명운이 충분히 길지 못했다. 덕분에 머리에 경전을 담고 있는 유생들이 살아남을 수 있었고, 그들에 의해 유가의 고전이 후대에 전승될 수 있었다. 육가를 비롯한 한대 초엽의 유생들이 접했던 유가의 고전이 바로 이렇게 전수된 것들이었고, 그들은 이를 자신들이 사용하던 당시의 글꼴, 곧 예서체(隷書體)로 기록하였다. 그래서 '당시에 사용되는 글꼴〔今文〕로 기록한 경전'이라는 뜻의 금문경이라는 표현이 생겨났다.

그런데 기원전 1세기 무렵, 당시뿐 아니라 이후 2,000여 년간의 중국 지성사 무대를 뒤흔든 사건이 발생했다. 공자의 고향을 다스리던 제후가 자기 집 확장 공사를 위해 공자 생가의 일부를 허물었는데, 그 벽 속에서 다량의 책들이 쏟아져 나왔다. 이들을 분석해보니 분서갱유의 화를 피하기 위해 공자의 후손들이 벽 속에 봉해두었던 책들로 추정되었다. 추정의 근거는 그 글꼴이 분서갱유 이전 시대에 사용되던 고문자라는 사실이었다. 얼마 후 그 책들은 조정으로 이송됐고, 이로써 금문경보다 오래전에 문자로 기록된 유가의 고전이 세상에 알려지게 되었다. 그러자 사람들은 이를 '옛 글꼴로 기록된 경전'이라는 뜻에서 '고문경(古文經)'이라고 불렀다.

고전에 대한 새로운 견해는 새로운 권력

고문경의 출현은 금문경학자, 그러니까 금문경을 기반으로 학술과 정치권력을 움켜쥐고 있던 이들에겐 커다란 도전이었다. 둘 사이에 존재하는 문자의 같고 다름이라든지 분량의 차이 때문만은 아니었다. 이는 전승 과정에서 발생된 변형으로 치부될 수도 있기에 그다지 큰 문제가 아닐 수도 있었다. 훨씬 큰 문제는 제도적 차원에서 구현된 학술과 정치의 일체화라는 현실 자체에 도사리고 있었다.

고문경이나 금문경은 전승 과정에서 발생한 이본일 따름이지 그 근원은 엄연히 동일했다. 그런데 근원이 같다고 하여 그 해석도 동일한 것은 아니었다. 더구나 경전의 원의에서가 아니라 그것의 재해석을 토대로 집권의 정당성과 왕조의 합법성을 구축한 경우라면, 근원의 동일함이 이해관계의 일치를 보장해주지 못한다. 금문경과 고문경의 관계가 바로 이러했다. 한대 초엽의 유생들은 한 제국을 공자라는 반석 위에 세우고자 하였다. 곧 서주(西周) 초의 정치를 이상으로 여겼던 공자의 사유로 한의 현실과 미래를 위한 이념적 토대를 구축하고자 했다. 그러나 이는 불가능했다. 서주 초엽과 한대 초엽 사이에는 거의 1,000년에 가까운 시차가 있었고 그 사이에 세상은 근본적으로 변화됐다. 1,000년 전의 천하 질서를 본보기로 삼은 사유를 기반으로 그보다 1,000년 후의 천하 질서를 구축해낸다는 것 자체가 어불성설이었다.

결국 한대 초의 유생들, 곧 금문경학자들은 경전의 내용 자체가 아니라 그것의 재해석을 통해 한의 통치 이념을 주조해낼 수밖에 없었다. 이를 위해서는 공자의 활동을 재규정할 필요가 있었다. 예컨대 공자는 자신의 활동을 두고 '옛것을 풀어 전할[述] 뿐 새로 짓지[作] 않았다', 곧 '술이부작(述而不作)'했다고 규정했지만 금문경학자들은 이를 곧이곧대로 믿지 않았다. 그들은, 공자가 말은 그렇게 했지만 그건 공자가 겸손해서 그러했을 뿐, 실제로는 경전을 재해석하고 그를 근거로 자기 당대에 맞는 새로운 제도를 만들어내려 했다고 보았다. 이를 일러 '공자개제설(孔子改制說)'이라고 하는데, 그러한 공자처럼 자신들도 경전을 재해석하여 한 제국의 질서를 새로이 만들어냈다는 것이다. 이에 비해 고문경학자들은, 공자가 새로운 질서를 만든 적은 결코 없었고, '술이부작'을 명실상부하게 행했다고 보았다. 그들은 경전의 원의에 기초하는 것만으로도, 다시 말해 그 원의에 대한 재해석 없이도 성인의 가르침인 왕도정치를 능히 현실에 펼쳐낼 수 있다고 보았다. 성인의 가르침은 만고의 진리이기에 시대의 변천이나 세상의 변화 등과 무관하게 언제 어디서나 현실에 적용될 수 있다는 사유였다. 따라서 그들의 입장에서 봤을 때, 경전의 원의가 아니라 그에 대한 해석을 기초로 왕조의 정통성을 구축한 금문경학은 경전의 원의를 왜곡한 삿된 학문(僞學)에 불과할 수도 있었다.

이런 판국에서 일군의 학자들이 고문경을 기반으로 경전의 원의로 돌아가는 운동을 펼친다면, 나아가 이를 기반으로 왕조의 정통성을 문제 삼으며 개혁을 운위한다면, 금문경학자의 입장에선 권력을 분점하거나 최악의 경우 놓아야 하는 상황에 직면할 수도 있었다.

고전의 재해석, 왕조를 바꾸다

실제로 기원(紀元)을 전후한 시기에 왕망(王莽, 기원전 45~23)이란 이가 유흠(劉歆, 기원전 53?~기원전 23) 같은 고문경학자의 도움 아래 고문경학의 이름으로 한을 멸하고 신(新, 9~23)이라는 새 왕조를 개창하는 사건이 발생했다.

2대 황제인 혜제(惠帝, 기원전 211~기원전 188)가 협서율을 폐지한 이래로 조정에서는 널리 옛 서적을 구하였고, 그렇게 모은 책을 황궁의 천록각(天祿閣)이나 석거각(石渠閣) 등에 보관하였다. 유흠은 아버지 유향(劉向, 기원전 77~기원전 6)의 뒤를 이어 이들에 보관된 고적을 정리하였다. 그는 이 과정에서 분서갱유가 일어나기 전의 글꼴로 기록된 책을 다수 발견하였고, 이를 정리하면서 유가 고전을 당시 주류였던 금문경학과 다르게 해석할 수 있는 경로를 확보하게 되었다. 그리고 이를 근거로, 앞서 서술한 바와 같이 금문경학의 근본을 문제 삼았고, 이것이 왕망의 신 건국의 이념적 토대이자 명분으로 활용됐던 것이다. 물론 왕망의 신은 몇 년 못 가서 유방의 후예에 의해 거꾸러졌지만, 고전의 새로운 해석은 크게는 이렇게 현존하는 제국을 무너뜨릴 수도 또 새로운 왕조를 건설할 수도 있었다. 하여 현실 권력을 쥔 쪽에서는 국가의 권위를 앞세워 고전에 대한 해석을 통제하고자 노력했다. 신을 멸하고 들어선 동한(東漢, 25~220) 때에는 황제가 궁궐에 금문경과 고문경 양측의 학자를 수차례 모아 치열한 토론을 벌이게 함으로써 경전 해석의 통일을 시도하였다. 또한 영제(靈帝) 때인 희평(熹平) 4년(175)에는 '중국 최초의 국정 교과서'라고 할 수 있는 '석경(石經)'을 당시의 글꼴인 예서체로 제작하여 수도 장안과 전국 주요 도시의 국립 교육기관에 세우기도 하였다. 이 모두는 갈수록 거세지는 고문경학의 도전으로부터 금문경학의 권위를 지키기 위한 노력의 결과였다.

그러나 그러한 노력에도 금문경학은 갈수록 위축되었다. 금문경학의 권위는 정치권력과 얽혀 있었기 때문에 현실 정치가 몹시 혼란해지자 금문경학도 무너져갔다. 대신에 정현(鄭玄, 127~200)이란 대학자가 나와 고문경을 기반으로 금문경의 장점을 취하여 유가의 고전을 정리하자, 이후의 역사에선 고문경이 금문경을 제치고 주류를 점하게 된다. 그런데 역사는 반복되기 마련, 정현 이래 천수백여 년 동안 주류를 점해오던 고문경은 청대 말엽에 들어 서구 문명의 공세 앞에 현실 정치가 무기력하게 주저앉자 다시 금문경의 후예들로부터 공격을 받는다. 이들은 유향·유흠 부자가 제출한 고문경 자체가 그들에 의해 위조된 것이라면서 공자의 진면목은 '술이부작'이 아니라 '제도 개혁[改制]'에 있다고 주장했다. 그리고 이를 근거로 서구의 근대적 제도 일반을 수용하여 중국을 근대적으로 개혁해야 한다고 주장했다.

저 옛날 고문경학자들이 고전의 재해석을 근거로 신(新)이라는 새로운 왕조를 주조해냈듯이, 청대 말의 금문경학자들은 금문경식 재해석을 다시 들고나와 수천 년간 지속된 중국 문명의 패러다임 자체를 바꾸고자 했음이다. 학술과 정치가 한 몸이면서 학술이 머리 역할을 하는 곳에서 이뤄지는 고전의 재해석은 이렇듯 자신을 배출한 문명마저도 바꿀 수 있는 절정의 힘을 지니고 있었다.

고전의 재해석은 역린을 건드리는 것

비단 오경을 둘러싸고만 이러한 일들이 벌어졌던 것은 아니다. 유가의 경전은 크게 오경 계통과 사서로 대변된다. 오경은 공자의 손을 거쳤거나 그가 중시했던 고전들로 공자 사후 그의 문도들에게 의해 경전으로 받들어졌다. 그리고 한 무제 때에 이르러 국가의 공인을 받음으로써 경전으로서의 지위를 더욱 확고히 다지게 된다.

물론 한대 이후 국가의 공인을 받은 유가의 경전이 오경, 그러니까 『시경』·『서경』·『역경』·『예기』·『춘추』의 다섯 종만 있었던 것은 아니다. 시대의 추이에 따라 유가의 다른 고전들이 경전으로 흡수되기도 했다. 공자의 어록인 『논어』가 더해졌고 현실 정치의 필요성 때문에 『주례(周禮)』와 『의례(儀禮)』, 『효경(孝經)』이 경의 반열에 올랐다. 여기에 『춘추』의 해설서였던 『춘추좌씨전(春秋左氏傳)』·『춘추공양전(春秋公羊傳)』·『춘추곡량전(春秋穀梁傳)』이 경으로 승격되었고, 이들 유가의 고전을 이해하는 데 필요한 사전이었던 『이아(爾雅)』도 경에 포함되었다. 이렇게 구축된 경전의 체계는 시대에 따라 다소의 차이는 있었지만 유가의 핵심 고전으로 청대 말엽까지 정사의 머리 역할을 수행하였다.

그러는 사이 남송에 들어 새로운 경전의 체제가 출현하였다. 주희가 집대성한 성리학의 경전 체계, 곧 사서가 그것이었다. 성리학은 당대(唐代) 이후 본격화된 불교와 도교 등의 도전으로부터 유학을 수호하자는 목표 아래 기존의 유학을 일신시킴으로써 탄생된 새로운 유학이었다. 성리학을 '신유학(新儒學)'이라고 부르는 까닭이 바로 이것인데, 주희를 위시한 성리학자들은 기존의 유가 고전 가운데 『논어』와 경의 반열에 들지 못했던 『맹자』 그리고 『예기』의 「대학(大學)」 편과 「중용(中庸)」 편을 각각 단행본으로 독립시켜 '사서'라 명명한 후 이를 오경 계통의 경서보다 우선하는 유가의 핵심 경전으로 설정했다. 이들 텍스트에는 형이상학적이고 사변적 화두가 여타의 유가 고전보다 풍요롭게 담겨 있었던 까닭에, 이들을 중심으로 불교와 도교에 필적할 수 있는 유가의 형이상학을 구성해낼 수 있었기 때문이었다. 성리학을 다르게 일러 '이학(理學)'이라고 하는 까닭이 여기에 있었다. '이학'은 형이상학적 진리에 관한 학문이라는 뜻이기 때문이다.

그런데 주희가 이렇게 새로운 경전의 체계를 짜 들고나오자 오경 계통을 기반으로 한 정치권이 아연 긴장했다. 조정은 신속하게 주희의 학문, 곧 주자학(朱子學)이라고도 불리는 성리학을 '삿된 학문[僞學]'으로 규정해 금지시켰다. 그러나 성리학은 원대

(元代)에 들어 제국 최고의 통치 이념 자리에 오른다. 주희가 공자와 맹자에 대한 새로운 해석을 통해 남송에 들어 대대적으로 펼쳐진 새로운 시대상에 능동적으로 대처하려 했던 시도가 공인받은 셈이었다. 이후 오경 계통에 근본을 둔 유생은 주변부로 밀리고 사서를 앞세운 유생들, 곧 성리학자들이 주류를 형성했다. 성리학을 금지시킨 주희 당시의 조정이 취한 조치는 결코 호들갑이 아니었던 셈이다.

이처럼 고전의 재해석은, 설령 그것이 현실 정치권력을 지향하지 않는다고 해도 현실 권력은 늘 그에 민감하게 반응하고 선제적으로 대처해가고자 했다. 하여 명대에 들어 왕양명이 훗날 양명학이라 불리는, 유가 고전에 대한 새로운 해석을 들고나와 명 중엽 이후 사회적 주체로 급성장한 상인 계층과 적잖은 유상(儒商) 그러니까 상업을 생업으로 삼았던 유생들로부터 널리 지지되자,[18] 당시의 주류였던 성리학 측은 결코 무디지 않은 공세를 전개했다. 예컨대 이지(李贄, 1527~1602) 같은 양명학자가 나와 사서오경에 대한 혁신적 사유를 전개하자 조정은 부랴부랴 그의 책을 불살랐고, 일흔을 훌쩍 넘긴 노학자를 잡아들여 감옥에 가둬 분사(憤死)케 하였다. 조선에선 양명학이 신분 질서와 윤리강상을 어지럽힌다면서 사문난적의 딱지를 붙여 접근 자체

---

18 양명학이 이러한 양상을 연출할 수 있었던 요인에 대해서는 1장의 양명학 관련 서술을 참조할 것.

를 원천봉쇄하기도 했다. 학술과 정치가 한 몸처럼 존재했던 곳에선, 고전의 새로운 해석은 언제라도 새로운 권력 창출로 이어질 수 있었기 때문이다.

5. 고전, 제국의 역사를 빚어내다

현대 중국이 깔고 앉아 있는 강역은 지금 유럽의 1.8배에 달한다. 그럼에도 "유럽인은 지리학적 사실성에 반해 자신들의 반도를 한사코 '대륙'으로 격상시키고 있다. 그에 반해 인도는 겨우 '아대륙(亞大陸)'이고, 중국은 그저 '나라[國]'라고"[19] 한다. 부지불식간에 상대방도 나와 별반 다를 바 없다는 생각에 젖어 나의 관점에서 상대방을 재단한 결과인 셈이다.

'천하-국가'로서의 중국

우리도 크게 다르지 않다. 유럽 여행을 갔다 왔다고 하면 몇 개국을 둘러보았냐는 물음이 자연스레 나오지만, 중국 여행을

19 안드레 군더 프랑크, 이희재 역, 『리오리엔트』(이산, 2003). 56쪽.

갔다 왔다고 하면 웬만해선 이 질문이 나오지 않는다. 여행한 거리가 유럽의 몇 개국을 돌아다닌 것보다 훨씬 길고, 마주했던 인문적·지리적 풍경의 차이가 유럽의 이 끝과 저 끝의 차이보다 더 큼에도 우리는 중국을 그저 한 개의 나라로 생각하고 만다. 하긴 유엔에서 중국도 한 표, 한국도 한 표이니 그렇게 여기는 것도 무리는 아니다. 그렇다고 국제사회에서 한국이 중국과 동급이라고 볼 수 있을까?

역사적으로도 그러했다. 역대로 '대일통(大一統)', 그러니까 만리장성 이남의 황하 유역부터 장강 이남 지역까지를 석권한 중국이 한자권의 여러 나라 가운데 다만 한 나라로 머문 적은 없었다. 상대적 약자일수록 사실을 기반으로 상대를 정확하게 인식해야 함은 자명한 일일 터, 이른바 '우리'가 나라였다면 중국은 '천하(world)'였다. 사서의 하나인 『대학』에는 "나를 바르게 닦고 가문을 가지런하게 하며 나라를 올바르게 다스리고 천하를 태평하게 한다[修身齊家治國平天下]"라는 구절이 나온다. 여기서 '수(修)'나 '제(齊)', '치(治)', '평(平)'은 모두 공평무사하게 다스린다는 뜻으로, 모름지기 공부를 하는 이라면 그 다스림의 대상을 '자신[身]→가문[家]→나라[國]→천하(天下)'로 확대해가야 한다는 말이다. 그런데 이는 어디까지나 중국에서의 얘기였다. 예컨대 형식적일지라도 중국에 조공을 했던 고려나 조선의 학자들은 다스림의 대상을 나라[國]로 한정하고 있었다. 어느 한번도 스스로를 천하를 다스리는 존재라는 위상에 올려놓은 적이 없었기 때문이다. 반면 중국은 늘 천하의 위상을 점하던 '천하-국가', 곧 제국을 자처하였다.

이는 '우리'에 대한 과소평가도 또 중국에 대한 과대평가도 아니다. 중국인의 지나친 자존감이 초래한 과대망상은 더더욱 아니다. 실제로 그들의 나라는 '제국'이었고, 그들의 수장은 천자(天子), 곧 황제였다. 그들은 "하늘 아래 왕의 땅이 아닌 곳은 없다(溥天之下, 莫非王土)"라는 자기 확신 아래, 하늘 아래엔 하나의 세계만 있고 '하늘의 아들', 곧 천자는 그곳을 다스리는 유일무이한 최고 지존이라고 믿었다. 설령 천자의 물리력과 행정력이 상시적으로 작동되지 않는 곳을 다스리는 군주가 있더라도 그들 또한 자신을 천자의 신하라고 여겼다. "온 땅의 뭍에 왕의 신하가 아닌 자는 없다(率土之濱, 莫非王臣)"[20]라는 말은 그래야 한다는 바람의 고백이 아니라 실제로 그러하다는 선언이었던 셈이다.

게다가 이는 어느 한 왕조 때 잠깐 그랬다가 만 것이 아니라, 진시황이 중원을 '대일통'한 후 줄잡아 2,200여 년간 대체로 그러했다. 그런데 왜 중국에서만 이러한 일이 가능했을까? 영토와 인구, 자원 등 여러 이유가 있겠지만, 여기선 지식의 차원에 주목해본다.

---

20 이상 인용문의 출처는 『시경』 「북산(北山)」 시이다.

제국 유지의 비결은 상극의 융합

진시황은, 제국 유지의 관건이 지식의 통일에 있다고 봤다. 그는 한자의 글꼴을 단일화했고 도량형을 통일했다. 제자백가 가운데 법가 하나만을 공인했고, 다른 지식에는 접근을 불허했다. 아예 책을 모아 태우기도 했고 유생들을 땅에 묻기도 했다. 제국의 인민들은 주어진 신분과 직분에 맞춰 사고할 것을 요구받았으며, 법이 정한 범위 내에서만 행동할 수 있었다. 그럼에도 진(秦)은 한 세대도 채우지 못한 채 무너졌다.

뒤이어 등장한 한(漢) 제국은 진의 실패를 거울삼아 제국의 이념으로 황로학을 들고나왔다. '도법가(道法家)'란 별칭에서 알 수 있듯이 황로학은 도가와 법가의 융합체이다. 무위자연(無爲自然)에 궁극적 가치를 두는 도가와 유위(有爲)의 한 극단이라 할 수 있는 법가가 한 몸을 이룬다는 것은 언뜻 허위에 가까워 보인다. 그러나 황로학자들은 법의 근거를 자연에서 끌어오고, 자연을 매개로 도가의 도(道)와 법가의 법(法)을 일체화함으로써 상극인 그 둘을 하나로 빚어냈다.

그들이 보건대 인간의 법은 자연의 도와 같아야 했다. 자연을 찬찬히 살펴보면 그 안에도 죽임을 당하는 것은 줄곧 죽임을 당하고, 뜯기는 것은 항상 뜯기기만 하는 등 불평등이란 것이 엄연히 존재했다. 그들은, 그럼에도 자연이 전복되지도 또 망하지도 않으며 영속하는 이유를 궁금해했다. 그러곤 답을 구성해냈다. 자연 속 각종 생물과 무생물은 각자 자신의 위상을 지키며 주어진 역할 딱 그만큼만 수행한다. 더함도 없고 또 덜함도 없다. 토끼가 왜 나는 잡아먹히기만 하냐고 투덜대는 법이 없고 소나무가 왜 우리는 추운 겨울에도 잎을 달고 있어야 하냐며 불평하지 않는다. 상대의 자리를 탐하지도 않고 과욕을 부리거나 게으름을 피우지도 않는다. 그렇게 저마다 있게 된 자리에서 맡겨진 역할만을 정확하게 수행한다. 황로학자들은 바로 이 점이 엄존하는 불평등 속에서도 자연이 영속할 수 있었던 핵심이라고 보았다. 따라서 인간 사회도 안정적으로 오래 지속되고자 한다면 응당 자연의 그러함을 본받아야 한다고 여겼다. 다시 말해 인간 사회도 계층별, 지역별, 직능별로 서로 다른 위상에서 그 자리에 걸맞도록 주어진 역할을 타고 태어났으니, 주어진 자리에서 주어진 역할을 넘치지도 또 모자라지도 않게 수행해야 한다는 것이었다. 그렇게 자연의 도를 닮은 사회의 법을 제정하여 그것이 온전히 작동되면, 자연이 안정적으로 영속하듯이 국가 사회도 안정 속에 영원히 존속하게 된다는 사유였다.

황로학자들은 이렇게 서로 모순되는 자연의 도와 사회의 법을 절묘하게 융합하였다. 그리고 이를 신생 제국의 통치 이념으로 내세워 진-한 교체기의 극심한 혼란과 건국 초기의 동요에 능동적으로 대처하고자 했다. 그러다 한 제국이 안정기에 접어들자 이에 어울리는 새로운 제국의 이념이 요청됐다. 그럴 즈음의 황제는 무제였다. 그는 제국의 새로운 이념을 정초하고자 널리 하문하였고, 동중서란 유학자가 올린 대책을 받아들여 공자의 사유를 새로운 시대에 맞게 조정하였다. 그리고 '유교만을 존중하고 다른 지식을 축출[獨尊儒術, 罷黜百家]'함으로써 한대의 '경학(經學)'이라고도 불리는 유교가 제국의 최고 통치 이념으로 우뚝 서게 됐다. 일견 법가만을 공인하며 분서갱유를 자행했던 진시황 시절이 반복되는 듯했다. 그러나 실상을 들여다보면 그때와는 사뭇 달랐다. 한대의 유교 곧 경학은, 명색은 유가였지만 실질은 유가와 법가의 융합체였다. 유가와 법가는 상대의 긍정이 자신의 부정으로 직결될 수 있는 대립적 지식 체계였다. 가령 유가는 예(禮)로 대변되는 인간의 도덕적 역량을 국가 통치의 기반으로 삼았지만, 법가는 그러한 인간의 자율적 역량을 최대치로 배제한 법과 제도를 국가 통치의 기반으로 설정했다. 그럼에도 한대의 경학가(經學家)들, 곧 한유(漢儒)들은 이렇듯 상호 모순적인 그 둘을 하나로 주조하여 제국 통치의 이념적 토대로 삼고자 했다.

결과는 성공적이었다. 제국 지속의 요결 중 하나인 '외유내법(外儒內法)', 그러니까 '밖으로는 유가를 표방하고 안으로는 법가를 취한다'는 노선이 제국 최고의 통치 이념이란 이름으로 대대로 금과옥조로 받들어지게 될 정도였다. 상극인 도가와 법가를 융합해낸 황로학자들처럼, 유가들도 법가를 제국의 통치라는 실제를 위해 상극인 유가와 융합해냈던 것이다.

한 결인 듯 한 결 아닌 제국의 이념

사실 유가의 이러한 운신은 낯선 게 아니었다. 전국시대 순자
는 공자의 사유에 법가의 사유를 접목함으로써 공자의 사유를
장래 펼쳐질 대일통의 시대에 걸맞게 변이시킨 바 있었다. 한 제
국을 대표하는 경학가 정현은 한의 법가적 통치를 유가의 경전
으로 정당화하는 과업을 성공적으로 수행했다는 말을 들어왔
다. 모두들 외유내법의 노선을 성공적으로 제국 통치의 실제와
결합시킨 사례들이다.

그런가 하면 한 제국이 망하고 도래한 위진남북조(魏晉南北
朝)시대에는 도가의 관점에서 유가의 학설을 재해석한 현학(玄
學)이라는 새로운 학술이 출현했다. 그들은 유가의 주요 경전인
『역경』을 도가의 세계관을 기초로 재해석해냈고, 공자의 어록
인 『논어』마저 도가의 관점에서 풀어냈다. 도가를 꾸준히 이단
시해온 유가였던지라, 현학은 유가와 법가, 법가와 도가의 융합
만큼이나 '기존의 경계를 허무는' 파격 자체였다. 그런데 송 제
국에 이르자 유가의 이러한 변이는 파격은커녕 기본이 되었다.
앞선 왕조들처럼 유교를 제국의 최고 통치 이념으로 채택한 송
은 유가 경전에 대한 해석의 체계를 확립하고자 했고 그 결과로
'십삼경주소(十三經注疏)'가 구축됐다. 이는 13종의 유가 경전에
대한 역대의 주석 가운데 제국이 선택한 주석을 정통으로 공인
한, 유가 지식 체계의 집대성이자 총화였다. 그렇다고 거기에는

유가다운 주석만 들어 있다고 여겨서는 곤란하다. 예컨대 『역경』의 주석본으로는 위진남북조시대 현학을 정초한 왕필(王弼, 226~249)이 도가의 관점에서 붙인 주석이 채택되었다. 『논어』도 도가의 관점이 스며든 하안(何晏, ?~249)의 집해(集解)가 정통으로 채택되었다. 정통 유가의 주석이 아닌 현학의 주석이 정통으로 꼽힌 셈이니, 유가의 고갱이는 그렇게 도가의 숨결과 한 몸을 이루고 있었다.

뿐만이 아니었다. '불가의 옷을 입은 유가'라는 언명처럼, 송 제국 이후 1,000여 년간 동아시아를 석권한 성리학에도 상극의 숨결이 버젓이 배어 있었다. 불가는 이른바 '오랑캐'의 문물이란 점에서 주희로부터 견결하게 배척되었다. 그럼에도 그가 집대성한 성리학엔 우주론부터 인간에 대한 설정, 공부 방법론에 이르기까지 불가의 흔적이 고루 또 깊이 패어 있었다. 성리학처럼 제국 최고 통치 이념의 자리에는 오르지 못했지만, 명대를 대표하는 학술인 양명학도 마찬가지였다. 성리학의 경직성과 교조적 성향 등을 비판하며 명대 중엽 이래 한자권을 풍미했던 양명학도 주요 내용 전반에 걸쳐 성리학과 마찬가지로 '불가의 옷을 입은 유가'라는 성향이 한층 더 강해졌다. 청대 학술을 대표하는 고증학(考證學)에서도 이단의 포용이 목도된다. '서양 오랑캐〔양이(洋夷)〕'·'서양 귀신〔양귀(洋鬼)〕' 등으로 무시하던 서양, 그들 학문의 실증과 논리를 중시하는 덕목이 명대 말엽 이래 마테오 리치 등의 예수회 선교사에 의해 소개되었고 이는 실사구시를 중시하는 고증학의 정신과 학문 태도와 멋지게 섞였다. 어느 한 시기일지라도 제국을 대표하거나 풍미했던 이념이 되려면, 제국의 최고 통치 이념처럼 모순이나 상극, 이단이 되는 것들과 융합을 일궈낼 수 있어야 했다.

게다가 '오랑캐'에 대한 근본주의적 반응을 보인 성리학은 아이러니하게도 '오랑캐'인 몽골의 원 제국에 이르러 제국의 이념으로 채택되었다. 중국이라는 제국을 다스리기 위해선 자신들을 '오랑캐'라며 극단적으로 배척한 이념일지라도 기꺼이 받아들여 활용해야 했음이다. 제국의 차원에서는 이처럼 표방되는 것의 상극마저 한 몸으로 융합해내는 역량이 처음부터 '기본값(default)'으로 요구됐던 것이다.

고전, 상극을 버무려내는 배후

이는 전근대 시기만의 특성은 아니었다. 제국의 후예들은 개혁개방 이후로 '한 나라 두 체제[一國兩制]'를 표방하며, 사회주의 체제와 자본주의 체제라는 상극을 '중국적 사회주의'라는 국가 이념 아래 하나로 녹여내고 있다. 결국 황로학부터 중국적 사회주의에 이르기까지 그 실상을 뜯어보면 상극이 융합되어 있고 모순이 공존하고 있으며 이단마저 끌어안고 있음을 목도하게 된다.

그렇다면 이러한 사실(史實)은 과연 무엇을 의미하는 것일까? 혹 제국을 통치하기 위해서는 '상극의 화해'나 '모순의 공존', '이단의 포용' 등이 필요하다는 역사적 경험이 그런 식으로 표출된 것은 아니었을까? 그렇지 않으면 제국 곧 '천하-국가' 안에 상존하는 다양한 차이들을 껴안을 수 없게 되고 결국 제국의 해체가 촉진될 수밖에 없음을 진작부터 알고 있었던 결과가 아니었을까? 역으로 상극과 이단을 넘나들고 모순을 동시에 품을 수 없는 지식은 결코 제국의 이념이 될 수 없음을 알고 있었던 것이다. 일개 국가가 아니라 제국을 건설하고 운영하기 위해서는 이질적이거나 상반된 것들, 때론 상극이나 모순마저 한데로 엮어낼 수 있어야 했음이다.

물론 중국의 실제 역사가 그러한 이념대로 늘 포용적이고 개방적이지만은 않았다. 표방되는 이념과 실제가 심하게 괴리된 적도 상당했다. 그렇다고 하여 제국의 최고 통치 이념이 지녔던 특성이 통짜로 부정되진 않았다. 조선 후기의 상황을 떠올려보자. 조선의 지배 계층은 양명학이란 유가의 새로운 해석을 사농공상의 신분 체계에 균열을 낼 수 있다는 이유에서 삿된 학문으로 몰아갔다. 심지어는 이념적 색채가 덜했던 고증학마저 받아들이길 주저했다. 실제뿐만 아니라 이념의 차원에서도 그들은 이처럼 거의 열려 있지 못했다. 반면 중국은 이념 차원에서는 어찌 됐든 열려 있는 태도를 취하고자 했고, 이는 그 넓은 지역을 오랜 세월 아우르며 제국의 역사를 만드는 데 중요한 발판이 되었다.

　고전은 이러한 중국의 역사를 창출해낸 배후였다. 상극을 융합하고 모순을 품으며 이단을 껴안는 일은 매번 고전의 재해석을 통해 수행됐다. 순자는 공자를 재해석하였고 정현은 유가를 법가로 재해석하였다. 하안과 왕필은 도가로 유가를 다시 빚었고, 주희와 왕양명은 유가에 불가의 장점을 불어넣어 새로운 유가, 곧 신유학을 버무려냈다. 그만큼 고전의 품이 넉넉했음이다. 그렇게 고전은, 노자가 말한 바다였다. 만물을 받아들이고 품어 변이를 일으켜 다시 내보내는 바다처럼, 고전에는 제국의 건설과 운영에 필요한 열린 이념을 때에 맞춰 빚어내는 역량이 오롯이 담겨 있었다. 2,000년을 상회하는 중국제국의 역사를 빚어낸 숨은 손은 오늘날 '한낱 고전'이 된 고전이었던 것이다.

6. 모난 책의 굴곡진 운명

— 박해받은 책들의 운명

묵적(墨翟, ?~?), 그러니까 묵자가 지었다고 알려진 『묵자』는 한자권의 고전 가운데 둘째가라면 서러워할 만한 모난 책이다. 평민을 위한 평민 위주의 사유를 펼쳤다는 이유로 사유의 깊이, 완성도 등 여러 면에서 부족하다는 오명을 쓰고 있는 텍스트이다. 비유컨대 너무 아마추어 같아 다른 고전들과 더불어 논의하기엔 민망하다는 것이다. 그런데 대개의 경우 이런 평가는 주로 현실 권력의 눈 밖에 나거나 주류 담론과 어울리지 않았을 때 내려지곤 한다. 『묵자』 자체에 모가 나 있는 것이 아니라, 그것을 향한 시선에 모가 나 있을 수도 있다는 얘기다.

모난 텍스트, 모난 시선

맞는 말이다. '싸우는 나라들[戰國]'의 시대에 산생된 텍스트임에도 구분 없는 사랑[兼愛]과 반전 사상이 펼쳐져 있고, 시대 정신은 부국강병인데 사회 전반에 걸친 검소와 이익의 공유[交利]가 설파되어 있다. 나아가 한 사람을 죽이면 불의하다고 비판할 줄 알면서도 백 사람, 천 사람을 죽이면 비판은커녕 오히려 그를 따르고 칭찬한다며 거침없이 권력자를 비판하였다.

말만 그렇게 했던 것이 아니다. 영토 확장과 중원 통일이 대세였던 시절에 묵자를 신봉한 이들은 그들만의 공동체를 이루며 살았고, 『여씨춘추』에 실려 있는 복돈(腹䵍)의 처사처럼 공동체의 규율을 국가보다 앞세웠다. 그는 묵가 공동체의 거자(鉅子, 지도자)로 진(秦) 혜왕을 도왔는데 하루는 그의 아들이 살인을 범했다. 이에 혜왕이 나서 사형은 면케 해주자고 했지만, 복돈은 묵가 공동체의 법을 앞세우며 아들을 사형에 처했다. 아무리 군주가 한 청일지라도 공동체의 규율보다 우선할 수 없다고 본 셈이다. 게다가 그들의 전투력은 가공할 만한 수준이었다. 당시 남방의 강호였던 초나라도 고작 300명의 묵가 공동체가 수비하러 들어갔다는 말을 듣고는 약소국 송(宋) 정벌을 포기할 정도였다. 침략용 전쟁은 단호하게 거부했지만, 방어용 전투에는 이처럼 중원 최고의 달인들이었다.

위정자의 입장에서는 이래저래 눈엣가시였음이 분명하다. 하여 줄곧 동네북처럼 정을 맞았다. 그런데 『묵자』에 담긴 주장을 찬찬히 뜯어보면, 그것이 위정자만을 불편케 하는 수준을 넘어서 있음을 발견하게 된다. 표면적으로 그들의 주장은 분명 기성

권력 비판에 초점이 맞춰져 있다. 전쟁 반대가 그러하고 차별 없는 사랑이나 이익의 공유도 그러했다. 국가 장치라는 이름으로 행해지는 제반 의례를 허례허식이요 쓸데없는 낭비라고 몰아붙인 점 또한 그러했다. 여느 시대처럼 묵자의 시대에도 국가 사회의 유지에 필요한 의례가 필요 이상으로 거창하게 행해지고 있었다. 묵자의 비판이 시의적절했다고 판단되는 대목이다. 문제는 이러한 비판이 문명 자체에 대한 부정과 직결될 수 있다는 점에 있었다. 곧 과시적 장례라든지 호사스러운 예악 등에 대한 비판은 타당할 수 있지만 그것이 장례나 예악에 대한 부정으로 흐르면 자칫 인간과 동물을 구분해주는 문명 자체에 대한 부정으로 이어지기 때문이다.

실제로 『묵자』에 개진된 주장대로 살아가는 모습을 그리다 보면 어느덧 개미나 꿀벌 집단을 그려놓곤 한다. 사회를 일구곤 있지만 구성원들은 기계적으로 주어진 직분대로 움직이는, 그런 '몽유적(夢遊的) 사회'의 모습 말이다. 이러한 점에서 『묵자』는 그것을 바라보는 시선과 무관하게 텍스트 자체에 이미 모가 나 있었다고 할 수 있다. 하여 현실 권력에 참여하지 않았던 이들조차 『묵자』 공박에 앞장섰다.

작지만 강한 공동체의 건설

묵자와 다른 각도에서 현실 권력에 맹공을 퍼부었던 맹자가 대표적 경우이다. 그는, 『묵자』는 짐승을 몰고 와 사람을 잡아먹게 하는 책이라고 단언하였다. 가족과 타인을 구분 못 한 채 사랑하는 것이 바로 금수들인데 이를 겸애라 부르며 조장했으니, 이는 사람을 짐승으로 만드는 것과 다름없다는 논리였다. 또한 국가의 이해관계보다 공동체의 이해관계를, 임금의 명령보다 공동체 장의 명령을 앞세웠으니, 이는 어버이도 없고 임금도 없는 야만과 진배없다고 몰아붙였다. '반(反)문명', 그러니까 문명의 병폐에 대한 비판이 '비(非)문명', 곧 자연 상태로의 회귀로 대체될 수 있음을 섬세하게 읽어낸 결과였다.

그런데 어찌 된 일인지 『묵자』의 학설은 인기가 대단했다. 다른 이도 아닌, 금수 운운하며 묵자 공박에 열을 올렸던 맹자조차 "양주(楊朱)와 묵자의 말이 천하에 가득 차서 세상의 언론은 양주에게 귀의하거나 묵자에게 귀의하였다"[21]라고 증언할 수밖에 없는 상황이었다. 특히 '싸우는 나라들'의 시대인 전국시대, 일선에서 전투를 치르거나 전쟁으로 인해 가장 먼저 일상이 해체되고 생명이 소멸되고 마는 하층민들의 지지는 가히 절대적이

---

21 『맹자』, 「등문공하(滕文公下)」 편에 나온다. 원문은 다음과 같다. "楊朱墨翟之言盈天下, 天下之言, 不歸楊則歸墨."

었다. 하루에도 백번의 전투가 벌어졌던 시절, 『묵자』에 담겨 있던 '비문명'적 요소가 그들에겐 '차라리' 실제적이고도 실현 가능한 대안으로 받아들여졌던 것이다. 당시 하층민들은 별다른 사회적 안전장치도 없이 전쟁에 거듭 징발되어 전투에 투입되었다. 통치자들이 내건 신분 상승이라는 약속을 믿고 전투에 자원한 평민이나 천민들도 상황은 마찬가지였다. 운 좋게 전투에서 살아남아 신분 상승의 꿈을 이룬다고 하여도 계속되는 전쟁 탓에 다시 징발되었다. 전투를 치를 때마다 적게는 수천에서 많게는 수만 명이 죽어 나가는 전장에서 목숨을 건진다는 것은 천운에 가까웠다. 맹자의 증언을 들어보자.

> 땅을 차지하고자 전쟁을 하고는 사람을 죽여 온 들판에 그득
> 하게 하고, 성을 차지하고자 전쟁을 하고는 사람을 죽여 온 성
> 에 가득 차게 한다. 이는 땅에게 사람 고기를 바친 셈이니, 그
> 죄는 죽음으로도 용서될 수 없다.[22]

이러한 상황에서 평화롭고 안정적 삶이라는 지향은, 하층민들에게는 '사상이나 이념'의 문제가 아니라 '생존이자 생활'의 문제였다. '평민들의 사상가'였던 묵적은 이들의 생존과 생활을 위

---

22 『맹자』, 「이루상(離婁上)」편에 나온다. 원문은 다음과 같다. "爭地以戰, 殺人盈野, 爭城以戰, 殺人盈城. 此所謂率土地而食人肉, 罪不容於死."

한 물적·사회적 기반 구축을 위해 노력하였고, 이는 '작지만 강한' 공동체의 건설이란 양태로 결실되었다. 공동체의 건설을 통해 국가와 지배층에 종속되지 않은 삶의 기반이 마련되고, '강한 힘'을 보유함으로써 하층민들이 잦은 전쟁과 일상화된 국가 폭력으로부터 자유로워질 수 있다고 본 셈이다.

그리고 차별 없는 사랑이나 이익의 공유와 같은, 위정자의 입장에서 볼 때 불온하기 그지없는 이념으로써 공동체의 결속력을 강화하고 현실 권력의 물리적 견제에 맞설 수 있는 동력을 창출해냈다. 그렇게 묵자는 고도로 훈련되고 엄격하게 조직된 공동체를 조직함으로써 평민들도 안정적으로 살아갈 수 있게끔 한 것이다.

역린을 건드린 모난 『묵자』

묵자의 이러한 시도는 상당히 성공적이었다. 그의 사후에도 묵가 공동체는 성장을 계속하였고, 그 대중적 영향력은 유가나 법가를 상회하고도 남음이 있었다. 그런데 그렇게 번성했던 묵가 공동체가 일순간 역사의 전면에서 사라졌다.

이는, 진시황이 전국시대의 혼란을 종식시키고 중원을 통일했던 즈음의 일로 추정된다. 학자들은 강력한 전투력을 지닌 묵가 공동체의 일부가 전국시대 중반 무렵에 진(秦)으로 이주했고,

진이 제도 개혁을 통해 중원의 강자로 발돋움하고 진시황 때에 이르러 중원을 통일하는 데에 크게 기여했을 것으로 보고 있다. 이 과정에서 그들의 위력을 본 진시황이 통일을 완수하자마자 가장 먼저 그들을 제거했을 가능성이 높다. 단지 그들이 막강한 전투력을 소유했다는 이유만은 아니었을 것이다. 그보다는 앞서 소개한 복돈처럼, 내적 유대감이 강한 데다가 절륜의 전투력도 겸한 공동체가 국가의 통제 밖에 있다는 것은, 그것도 하나가 아니라 자못 많은 수가 존재한다는 것은 국가로서는 매우 불편한 일일 수밖에 없다. 더구나 그들이 평민층의 지지를 폭넓게 받음은 바로 징세와 부역의 원천인 평민을 묵가 공동체의 통제 아래 둔다는 뜻이 됐다. 국가의 역린이 제대로 건드려진 셈이다.

『묵자』의 굴곡진 운명은 이렇게 시작됐다. 진 제국을 이어받은 한 제국도 유교의 이름으로 『묵자』를 배척했다. 그 이후 거의 2,000년 가까운 세월 동안 『묵자』는, 역설이게도 맹자가 그 이름을 거론하며 핵심 주장을 신랄하게 비판해준 덕분에 그 존재가 잊히진 않았지만 텍스트 자체를 찾는 손길은 많지 않았다. 그러다 청대 중엽에 이르러 고증학자들의 손에 의해 『묵자』가 복구되기 시작했다. 물론 너무 오랜 기간 동안 홀대되었던지라 원형 그대로 복원한다는 것은 불가능했다. 그래도 전해지는 텍스트를 최대치로 봉합하는 데엔 나름 성과가 있었다. 다만 이는, 고증학자들이 『묵자』의 사상에 동의해서 빚어졌던 현상은 아니다. 그들의 관심사는 한자의 옛 뜻과 발음을 규명하는 데에 있었다. 하여 오랜 옛날의 책이라면 그 내용을 까다롭게 따지지 않고 고증학의 재료로 끌어왔는데, 마침 그들의 눈에 『묵자』가 포착됐던 것이다.

사상 면에서의 부활은 근대에 와서 이루어졌다. 어느덧 '깰 줄 모르는 사자'로 전락한 중국은 1840년 아편전쟁 이래 나름 여러 시도를 했음에도 서구 열강에게 거듭 패퇴하였다. 달리 방도가 없었다. 서양 문명을 인정하고 정신과 물질 모든 차원에서 그들을 학습하는 수밖에 없었다. 그렇게 상대를 인정하게 되니 상대의 장점이 눈에 띄었다. 민주니 인권, 박애, 근면과 같은 서구 문명을 강하고 높게 만든 동력, 이른바 근대 시민사회의 덕목이 그들의 시야에 들어왔다. 그때 잊었던 『묵자』가 떠올랐던 듯싶다. 평등, 휴머니즘, 근면 같은 말이 들리는 순간 묵자의 이익 공유, 차별 없는 사랑, 인간 조건으로서의 노동 같은 주장이 환기됐던 것이다. 묵가 공동체가 이룩했던 과학기술 면에서의 성취도 주목되었다.

심지어 '묵자가 서쪽으로 가서 모세가 됐다'는 견해가 제출되는 해프닝도 벌어졌다.[23] 지난 2,000년 가까운 시절 동안 이단이란 이름 아래 무시됐던 『묵자』는 이렇게 시대를 앞서간 특출난 고전으로 화려하게 부활됐다.

---

23 이는, 묵자의 중국어 발음이 기독교의 모세와 비슷한 '므어쯔'임에 착안한 발상이었다.

비수를 품은 『맹자』

그러나 좋은 시절도 잠깐, 중국 대륙엔 사회주의 국가가 건설되고 대만에는 국민당 정부가 들어서자 『묵자』는 다시 관심 밖으로 밀렸다. 기득권층의 역린을 건드릴 가능성이 컸던 『묵자』는 여전히 쪼아내야 하는 모였다. 이에 『묵자』는 다시 주변으로, 비주류로 내쳐진 채 '수준이 일천하고 문체가 조야하며 체례가 산만한' 책으로 치부되고 있는 실정이다.

그런데 『묵자』에 난 모가 유별났다고 하기는 어렵다. 아이러니하게도 『묵자』를 거세게 몰아붙였던 『맹자』에도 실은 만만치 않게 모가 나 있었다. 덕분에 『맹자』는, 사서의 하나로 송대 이후 경전 중의 경전으로 대접받았음에도 『묵자』 못지않은 부침을 겪었다. 『맹자』 하면 떠올려지는 역성혁명(易姓革命), 성선설(性善說) 같은 '불온한' 모들 때문이었다.

맹자는 공자의 정통을 이어받았다고 자처하는 이답게 공자의 정명(正名) 사상, 곧 이름값과 행위가 일치해야 한다는 지향을 철저하게 따랐다. 가령 "임금은 임금다워야 하고 신하는 신하다워야 하며, 아버지는 아버지다워야 하고 아들은 아들다워야 한다"[24]라는 것이었다. 게다가 군주 앞이라고 하여 조금이라도 위축되는 일 따위는 맹자에겐 있을 수 없는 일이었다. 그는 군주

---

24 『논어』, 「안연(顔淵)」 편에 나온다. 원문은 다음과 같다. "君君, 臣臣, 父父, 子子."

의 면전에서도 폭군을 쫓아냄은 군주의 축출이 아니라 필부의 축출이라고 망설이지 않고 훈계하였다. 왕좌에 있는 이가 왕답지 않으면 그저 필부일 따름이니 쫓아냄에 아무런 도덕적 문제가 없다는 뜻이다. 저 옛날 주의 무왕이 폭군의 대명사인 은의 주왕을 내쫓으려 일으킨 전쟁은 그렇기에 '의로운 전쟁[義戰]'이었다고 강조했다. 심지어 공경대부의 정당한 간언을 듣지 않으면 그들로부터 죽임을 당하기도 한다는 협박마저 서슴지 않았다. 한결같이 군주의 심기를 제대로 불편케 하는 비수 같은 말들이었다.

그 뜻은 그야말로 선하기만 한 성선설도 군주에겐 무척 곤혹스러운 주장이었다. 인간은 태어날 때 하늘로부터 비롯된 선한 성품을 누구나 타고난다는 그 관념에 입각하면, 타고난 선한 성품을 얼마나 잘 보존하느냐에 따라 윤리학적 우열이 결정되기도 한다. 만일 '나'는 선한 성품을 잘 보존하였는데 군주는 이를 제대로 간수하지 않아 오염이 됐다면, '나'가 선한 성품을 오염시켜가면서까지 반드시 군주의 명을 따라야 할 당위가 사라지게 된다. 선한 성품을 따름은 하늘의 뜻을 따름이고, 하늘은 군주보다 높은 존재이기 때문이다.

이러한 관념을 군주들이 꺼려했을 것임은 명약관화, 실제로 한 무제 같은 군주는 공자에서 순자로 이어지는 계열을 제국의 최고 통치 이념으로 설정한 후 『맹자』는 축출해야 하는 제자백가의 하나로 묶어버렸다. 『맹자』의 굴곡진 운명은 이렇게 본격화됐다. 공자의 적통임을 주장했음에도 경서의 반열에 오르지 못한 채 1,000여 년의 세월을 보낸 후『맹자』는 송대에 들어『논어』에 버금가는 경서로 화려하게 부활되었다. 특히 외래 사상인 불교의 형이상학과 경쟁하고자 했던 송대 성리학자들은 형이상학적 지평을 넓힐 여지가 풍부했던『맹자』에 주목했다. 서역에서 들어온 불교에 맞서 중원 고유의 유교를 수호하고자 했음이다. 그 결과『맹자』는『논어』·『대학』·『중용』과 함께 사서로 병칭되며 오경에 우선하는 성리학의 경전으로 거듭나 지금에 이르고 있다.

물론 그 사이에도 기복이 있었다. 명을 건립한 태조 주원장(朱元璋, 1328~1398)은『맹자』에 담겨 있던 역성혁명 등등의 주장이 영 거슬렸다. 급기야 그는 경전의 반열에 올라 있던『맹자』를 과거의 시험 과목에서 제외하는 폭거를 저질렀다. 물론 얼마 후『맹자』는 경전으로서의 위상을 되찾았고, 청대에 와서는 유교의 다른 경전들과 함께 석경(石經)에 새겨짐으로써 경전의 위상이 확고해졌지만, 한번 박힌 미운털로부터 자유로워짐은 경전이라고 해도 이렇듯 만만치 않았다.

현실 권력 앞에 서면 작아지는 고전

'고전' 하면 으레 갖게 되는 오해 가운데 하나는 고전의 영속성에 대한 신뢰이다. 그러나 『묵자』와 『맹자』의 굴곡진 운명은 그러한 믿음이 얼마나 허황된 오해인가를 잘 말해준다. '한번 고전은 영원히 고전'과 같은 경우는 없다.

그렇다고 탄생의 순간부터 고전인 텍스트가 존재하는 것도 아니다. 설사 '반드시 고전을 쓰고야 말 테다!'라 작정했고, 또 실제로 훌륭한 작품을 썼다고 해도 그 작품이 반드시 고전이 된다는 보장은 세상 그 어디에도 없다. 『묵자』와 『맹자』의 굴곡진 궤적이 보여주듯 고전은 철저하게 그것을 둘러싸고 있는 제반 권력관계와 이해관계 등에 의해 선택되고 결정된다. 더구나 살아 있는 권력의 역린을 긁어대는 날선 모를 품고 있는 텍스트라면, 고전이 아니라 제아무리 경전이라고 해도 사정은 마찬가지였다.

『묵자』처럼 권력이 필요할 때면 고전이 됐다가도 불편하면 지성의 바깥으로 내쫓기기도 하며, 『맹자』처럼 군주로부터 미운털이 박혀 배척되다가도 중화의 수호에 필요하다고 판단되자 떠받들어지는 것은 어쩌다 발생한 예외적 현상이 아니라 종종 마주할 수 있는 익숙한 풍경이었다.

7. 미래 기획의 원천 『춘추』

— 시대의 부름을 받은 책

　　송대에 들어 성리학의 시대가 펼쳐지기 전, 유가의 경전은 오경으로 대표됐다. 사서는, 불교에 맞설 수 있도록 기존의 유학을 개조해야 한다는 시대적 요구에 따라 새로이 구축된 성리학적 경전의 체계였다. 한대에는 오경박사 제도만 있었고, 당대에는 천자의 권위가 서린 『오경정의(五經正義)』만 있었다. 예컨대 '사서박사 제도'나 '사서정의' 등은 없었다는 것이다. 사서가 오경을 제치고 유가 경전의 지존이 된 것은 원대에 들어 성리학이 최고 통치 이념으로 채택된 이후의 일이었다.

『춘추』, 공자가 메모한 춘추시대의 역사

　　오경 가운데는 『춘추』라는 책이 있다. 춘추시대 노(魯)나라 은공(隱公) 원년(기원전 722)부터 애공(哀公) 14년(기원전 481)까지

242년간의 역사를 연도순으로 정리한 텍스트로, 공자가 편찬했다고 해서 매우 중시됐던 경전이었다.

공자는 자기의 조국 노나라 공실(公室)[25]에 보관되어 있던 사료를 정리하여 『춘추』를 편찬하였다. 한편으론 후학의 교학 자료로도 활용하고 다른 한편으론 노나라의 역사를 후세에 길이 전해질 수 있게 하자는 심산이었던 듯싶다. 그런데 이 책에 수록된 문장은 메모에 가까웠다. 사건의 발생 시간과 장소, 관련 인물 등이 소략하게 언급된 정도였다. 예컨대 이러한 식이었다.

> 원년 봄 주나라 왕의 정월이다. 3월, 공이 주나라의 의보와 멸에서 동맹을 맺었다. 여름 5월, 정나라 제후가 단을 언에서 이겼다.[26]

이렇다 보니 시대가 흐를수록 『춘추』의 내용은 이해하기 어려워졌다. 메모 수준의 간략한 기록만으로는 역사적 교훈의 구축은 고사하고 사건의 전모 파악 자체가 버거웠다. 『춘추좌씨

---

25 춘추시대의 사회제도인 봉건제에 따르면 왕이라 불리는 천자로부터 일정 지역의 통치를 위임받은 이들을 제후라 불렀고, 이들의 공식 작위는 공(公)·후(侯)·백(伯)·자(子)·남(男)이었다. 한편 제후는 공(公)으로 통칭되기도 했다. 공실(公室)은, 마치 왕실(王室)이라고 하면 천자가 거주하는 곳이나 친족을 가리키는 것처럼, 제후가 거주하는 곳이나 그의 친족을 가리켰다.
26 『춘추』 은공(隱公) 원년의 기사이다. 원문은 다음과 같다. "元年春, 王周正月. 三月, 公及邾儀父盟于蔑. 夏五月鄭伯克段于鄢."

전』이라는『춘추』해설서를 쓴 좌구명(左丘明, ?~?)의 증언에 의하면, 공자의 참뜻을 그 제자들조차 길어내지 못한 채 갑론을 박하는 상황마저 초래됐다고 한다. 한대 중엽의 유학자인 환담(桓譚, 23?~53?)은『춘추』만 본다면 설령 성인(聖人)이 10년 동안 두문불출하며 읽는다 해도 그 뜻을 파악하지 못할 것이라며 드러내놓고 푸념하였다. 명색이 경전인데, 게다가 공자가 편찬한 책인데 그 뜻을 밝혀 드러내지 못한다면, 유가들이 보기에 이는 역사에 대해 중죄를 짓는 일과 다름없었다.

여기저기서『춘추』해설서가 출현한 것은 당연한 귀결이었다. 상고시대부터 한대까지의 학문과 지식을 총정리한 반고(班固, 32?~92)의『한서(漢書)』,「예문지(藝文志)」에 보면 23종의『춘추』해설서 이름이 보일 정도였다. 다만 이들이 다 후세에 전해지지는 않았고, 그 가운데 '춘추삼전(春秋三傳)'이라 불리는『공양전』,『곡량전』,『좌씨전』만이 살아남았다. 이들은 모두 전국시대에 나온 것으로,『공양전』은 제(齊)나라의 공양고(公羊高)가,『곡량전』과『좌씨전』은 각각 노나라의 곡량적(穀梁赤)과 좌구명이 정리하거나 지었다고 한다.

『춘추』해석의 두 가지 양상 – 사실 부연과 원리 추출

이들은 모두『춘추』에는 공자의 깊은 뜻이 담겨 있다는 전제 아래 메모 수준의 문장에서 그 뜻을 길어내고자 했다. 다만 『좌씨전』은 이를 사실(史實)을 복기하는 방식으로 수행했고, 나머지 둘은 원리를 추출하는 방식으로 수행했다.[27]

예컨대 위의 '원년춘, 왕주정월(元年春, 王周正月)'이란 구절에 대해서 『좌씨전』은 "원년 봄, 주나라 달력 1월이다. 『춘추』에 은공의 즉위 사실이 기록되지 않았음은 그가 섭정이었기 때문이다"라는 주석을 달았다. 관련된 역사적 사실을 담백하게 부연했을 따름이었다. 반면에 『공양전』은 이렇게 풀이하였다.

> 원년이란 무엇인가? 군주가 재위하기 시작한 해이다. 봄이란 무엇인가? 한 해의 시작이다. 왕이란 누구를 말하는가? 주나라를 천자의 나라로 만든 문왕(文王)을 말한다. 왜 왕을 먼저 말한 후에 정월을 말했는가? 천자인 왕이 정한 달력의 정월이기 때문이다. 왜 천자인 왕의 정월이라고 말했는가? 온 천하는 천자를 중심으로 통일[大一統]돼 있어야 하기 때문이다.

이는, 『좌씨전』과 『공양전』의 내용 차이가 역사 서술 방식의 차원을 넘어 역사 해석의 차원에서 비롯됐음을 시사해준다. 또한 역사 해석은 그저 과거를 분석하고 평가하는 데서 그치지 않

---

27 다만 『곡량전』의 해설은 치밀하지 못하고 내용 또한 『공양전』과 대동소이하여 후자의 경향은 『공양전』으로 대표되었다.

고 이를 매개로 미래를 구성하는 작업이기에, 이들의 차이는 미래 기획의 차이와 직접적으로 연결되어 있다. 실제로 『춘추』에 기록된 역사적 사실을 구체적으로 부연하고자 한 『좌씨전』은 옛적 요임금과 순임금 같은 성왕(聖王)의 치적을 재현하는 방식으로 미래를 기획한 반면, 『춘추』의 기록에서 역사 전개의 원리를 추출하고자 했던 『공양전』은 추출해낸 원리를 기반으로 변화된 시대 상황에 맞춰 제도를 개혁하는 방식으로 미래를 기획하고자 했다.

물론 이 가운데 어느 하나만이 옳다고 주장할 수는 없다. 그래서 한대 말엽 이후로는 『좌씨전』이 주류를 점했지만 『공양전』과 『곡량전』도 전근대 시기 내내 경전의 반열에 올라 있었으며 역사의 현장으로 꾸준히 소환됐다. 특히 서구 열강의 공세에 빈사 상태에 빠졌던 근대기처럼, 시대가 개혁을 절실히 요청할 때엔 더욱 그러했다.

『춘추』에서 진화론을 길어낸 『공양전』

사람 축에도 끼지 못한다고 여겨온 '서양 귀신(洋鬼)'들이, 잘 봐줘야 '서양 오랑캐(洋夷)'인 그들이 자기네 중국인들보다 더 진보한 존재임을 인정할 수밖에 없었을 즈음, 일군의 개혁적 지식인들은 서구 문명을 중국 개혁의 방편으로 활용하고자 했다. 그들은 서구 문명이 부강해진 근인을 찾는 데 심혈을 기울였다.

이때 진화론이 그들의 혈안에 띄었다. 당시 영국 유학을 다녀온 엄복(嚴復, 1854~1921)은 토머스 헉슬리의『진화와 윤리』를 번역한『천연론(天演論)』을 신문에 연재했고 바로 책으로 묶어 내었다. 일순간 중원 천지가 진동했다. 사람들은 적자생존의 논리가 인간 사회에 원용된 사회진화론을 접하고는 무릎을 쳤다. 훗날 근대 중국의 대표적 철학자로 국제적 명성이 자자했던 호적(胡適, 1891~1962)은 청년 시절 이 책을 접하고는 자신의 본명인 사문(嗣糜)을 적자생존의 '적(適)'으로 바꿀 정도였다. 그뿐만이 아니라 당시 많은 사람들은, 중국이 나아가야 할 길이 진화론에 있다고 확신했다. 다만 작지 않은 문제를 하나 풀어야 했다. 여전히 강력하게 남아 있는 서양 문물에 대한 중국인들의 근거 없는 천시의 해소가 그것이었다.

당시 '전국구'급 명망가였던 강유위(康有爲, 1858~1927), 양계초(梁啓超, 1873~1929) 등은 이 문제 해결의 단서를『공양전』에서 찾아냈다. 그곳에는 '삼세설(三世說)'이라 불리는 진화론적 역사관, 그러니까 역사는 혼란기인 '거란세'에서 이를 구제해 초보적 안정을 일군 '승평세'를 거쳐 대동(大同)이 실현되는 '태평세'로 진화한다는 사관이 제시돼 있었다. 이를 근거로 그들은 서양의 진화론도 실은 '중국에 저 옛날부터 이미 있었다(古已有之)'고 주장할 수 있게 되었다. 이는, 3세기 무렵 불교를 중국에 착근시키고자 했던 이들이 '노자가 서역으로 가서 부처의 스승이 됐다'는 '노자화호설(老子化胡說)'을 고안하여 불교의 중국 정착을 촉진하고자 했던, 또한 6장에서 보았듯 '묵자=모세설'을 내세워 서구 근대 문명의 수용에 속도를 붙이자는 시도와 상통하는 태도였다. 외부 문명의 장점은 본래 저 옛날부터 중국에 다 있었다는 '고이유지(古已有之)'란 오랜 심층 문화 심리가 이렇게 원용됐던 것이다.

사실 삼세설은 서구의 진화론과 무관하게, 한대 『공양전』을 신봉했던 유학자들, 곧 공양학자들이 『춘추』에서 찾아낸 역사 전개의 법칙이었다. 그들은 『춘추』는 서로 다른 세 부분으로 구성되었다고 보았다. 곧 문체가 서로 다른, 공자가 아버지의 윗세대로부터 전해서 들은 시대에 대한 기록, 아버지 세대로부터 들은 시대에 대한 기록 그리고 자신이 직접 본 시대에 대한 기록이 그것이다. 공양학자들은 이를 순서대로 거란세, 승평세, 태평세라고 명명함으로써 은연중에 공자를, 승평세를 태평한 세상으로 변화시킨 개혁자로 규정하고자 했다. 물론 이는 역사 실제와 전혀 부합되지 않는 해석이었다. 공자가 살았던 춘추시대가 혼란기였음은 부인키 어려운 사실이기 때문이다. 그럼에도 이런 무리수를 둔 까닭은 공자의 이름으로 그때그때 요청되는 혁신을 일궈내고자 했음이다.

실제로 공양학자들은 이런 논리를 앞세워 공자의 이름으로 한대 초엽, 400여 년간 지속된 제국의 기틀을 놓았다. 청대 중엽, 그러니까 19세기 전환기에 들어 사회적 병폐가 격심해지기 시작했을 때엔 예컨대 공자진(龔自珍, 1792~1841)처럼, 『공양전』을 다시 삶의 현장으로 소환하여 공자의 이름으로 혁신을 도모하고자 했다. 그리고 뒤이어 서구 근대와 전면적으로 조우하면서 제국의 기틀이 본격적으로 흔들리자, 강유위 등은 군주전제를 거란세에, 입헌군주제와 민주공화제를 각각 승평세와 태평세에 짝지음으로써 서구의 진화론을 공자의 이름으로 승인, 이를 기반으로 중국의 근대적 변혁을 일궈내고자 했다.

역사는 그 자체로 혁신

이로써 청대 말의 공양학자들은 진화론의 수용이란 실리와 중화의 근대적 변이라는 명분을 동시에 챙길 수 있었다. 그러나 공양학자들만이 역사를 현실 개선과 미래 기획의 명분이자 근거로 활용했음은 결코 아니다.

실은 역사 그 자체가 본성적으로 그렇게 활용될 수 있었다. "공자가 『춘추』를 완성하자 나라를 어지럽히는 신하와 부모를 욕되게 하는 자식들이 두려워 떨었다"[28]라는 맹자의 증언에서 볼 수 있듯이, 역사의 서술은 잘못된 현실을 개선하여 바람직한

---

28 『맹자』, 「등문공하(滕文公下)」 편에 나온다. 원문은 다음과 같다. "孔子成春秋而亂臣賊子懼."

미래를 만들어내자는 의도의 실천이기도 했다. 『공양전』에 비해 역사적 사실의 구체적 기록에 치중했던 『좌씨전』도 마찬가지였다. 『좌씨전』 주석의 최고 권위자인 두예(杜預, 222~284)는, 공자는 『춘추』를 씀으로써 "위로는 주공(周公) 시절의 문물제도를 따르고, 아래로는 미래의 법을 밝히고자 했다"[29]라고 단언했다. 역사적 사실의 충실한 기록 자체가 바로 미래 기획이라는 통찰이었다.

하여 역대 중국에선 『춘추』는 물론이고 『공양전』, 『좌씨전』 할 것 없이 모두 미래 기획의 '단골' 원천으로 활용되었다. 안사(安史)의 난(755~763)으로 폐허가 된 제국을 수습해야 했던 당 중엽, 유종원(柳宗元, 773~819) 등 일군의 개혁적 사상가들은 『좌씨전』식 해석에 『공양전』식 해석을 결합시켜 만든 공리주의적 개혁론을 들고나왔다. 이들은 아예 '춘추삼전'의 해석을 넘어서 『춘추』 자체를 자기 식으로 해석하여 그로부터 새로운 혁신의 원리를 도출하려 하기도 했다. 그들뿐만이 아니었다. 송대에 들어서도 『춘추』에 의지하여 시대의 부름을 외면하지 않은 학자들이 속출했다. 거란과 여진, 몽골 등의 유목 정권이 약진하는 등 그야말로 대대적이고도 근본적 혁신이 요청됐던 시절, 당시의 학자들은 『춘추』에 대한 새로운 해석을 통해 요동치던 현실

---

29 두예가 쓴 『춘추경전집해(春秋經傳集解)』의 「서문」에 나온다. 원문은 다음과 같다. "上以遵周公之遺製, 下以明將來之法." 한편 '주공(周公)'은 공자가 롤 모델로 삼았던, 기원전 11세기 무렵에 천자의 나라로 거듭난 주(周)나라의 기틀을 놓은 성인이다.

에 능동적으로 대처해가며 중원의 미래를 건설하고자 했다.

고전이 오래된 미래인 까닭

물론 중국의 고전 가운데 『춘추』만이 이러한 역할을 수행했음은 아니다. 드문 경우였지만 개혁을 위해 『춘추』를 배제한 경우도 있었다. 역대 중국에서 '제도 개혁' 하면 단연 가장 먼저 떠오르는 인물인 왕안석(王安石, 1021~1086)이 대표적 예이다.

그는 급진적 개혁의 대명사인 '신법(新法)'을 추진하면서 그 뜻을 정확하게 이해하기 어렵다는 이유에서 『춘추』를 배제하고 『주례(周禮)』라는 또 다른 유교의 경전에서 신법 추진의 이념과 원리를 도출해냈다. 그러나 이는 역사 자체에 대한 배제가 아니라 그가 보기에 모호한 역사 서술에 대한 거부였음에 유의할 필요가 있다. 또한 『주례』가 주공이 기틀을 다진 주나라의 문물제도를 구체적으로 서술한 텍스트로, 큰 범위에서 볼 때 역사 서술의 일종이라는 점도 주목할 필요가 있다. 유교의 오경은 본래다 역사서였다는 주장이 꽤 오래전부터 있었던 것처럼 말이다. 결국 명확한 기술인가 아니면 모호한 기술인가를 따졌을 뿐 왕안석도 역사를 자신의 현실 개혁과 미래 기획의 원천으로 삼았던 것이다.

이상의 사례들은, 왜 역사를 두고 '오래된 미래'라고 칭하는지 그 까닭을 잘 말해준다. 곧 역사서에 기록된 내용 그 자체가 미래라는 뜻이 아니라, 그것과 만나는 방식에 미래가 포섭되어 있기에 그렇게 칭할 수 있다는 것이다. 너무나도 당연한 얘기지만, 역사를 접하는 이유는 그것을 통해 더 나은 미래를 기획하기 위함이지, 과거를 미래에 고스란히 재현하기 위함이 아니기 때문이다. 이는 고전에도 마찬가지로 적용된다. 고전과 접속하는 까닭은 현실을 개선하고 미래를 기획하기 위함이지 결코 고전의 내용을 오늘날과 내일에 고스란히 재현하기 위함이 아니다. 그래서 고전은 어느 시대이든 간에 늘 시대의 부름을 받곤 한다. 미래를 기획하지 않거나 못하는 삶과 사회는 더는 삶도 또 사회도 아니기 때문이다.

8. 황제와 고증(考證)

— '죽은 책'을 되살리는 힘들

기원전 3세기 무렵이었다. 구중궁궐 깊숙한 데서 천자가 명을 내리면 그 내용이 문서화됐다. 그것이 변방의 최전방 초소까지 전달되는 데에 50일 남짓이 걸렸다. 통신수단이라곤 두 다리와 준마 정도, 종이도 없던 시절이었다. 여기에 궁궐부터 최전방 초소까지 거쳐야 했을 행정 단위와 그때마다 취했을 절차를 감안해보자. 전 중원을 '50일 문서 행정권'으로 엮어낸 것은 한마디로 기적 같은 일이었다.[30]

황제의 권위로 불사른 책을 되살리다

역사는 이 엄청난 일을 해낸 장본인을 폭군 중의 폭군으로

---

30 이상의 서술은 도미야 이타루의 『목간과 죽간으로 본 중국 고대 문화사』(임병덕 역, 도서출판 사계절, 2005)를 참고하였다.

평가한다. 진시황 얘기다. 인민의 피땀으로 만리장성을 쌓고 아방궁을 축조했기 때문만은 아니었다. 더욱 결정적인 것은 '책을 태우고 유생을 땅에 묻었다'는 점 때문이었다. 책과 지식인을 죽인 대가는 무엇으로도 지울 수 없는 주홍글씨였던 셈이다.

분서갱유는 일종의 '지식 말살' 정책이었다. 서적의 도살과 식자의 살해는 '문자'와 '구두'라는 지식의 두 가지 전승 매체를 파괴하자는 시도의 결과였다. 단지 책이 아니라 문자적으로 정착된 지식이 소거됐고, 사람이 아니라 지식 구전의 주요 포스트가 제거됐다. 다만 시간만큼은 책과 지식 편이었다. 진시황의 시대는 단명했고, 중원에는 한 제국이 들어섰다. 그리고 건국 초의 혼란이 수습되자 한 제국은 책 소지를 금지했던 진시황의 법령을 폐하고 황제 이름을 내세워 고서를 널리 모으기 시작했다. 다행히도 분서갱유의 화를 피한 학자들이 지식을 기억하고 있었다. 기술도 진보해 문자 전승이 한결 수월해진 시대가 됐다. 이제 구전되던 기억은 입에서 귀로 전해지는 방식 말고도 바로 문자로 재현되는 방식으로도 소생될 수 있었다.

그렇게 진시황 때 도살된 책들이 부활됐다. 진시황의 문자 통일 정책 탓에 분서갱유 이전의 고문자를 알아보는 이가 별로 없었기에 한대에 부활된 책들은 당시의 통용 문자인 예서(隷書)로 기술되었다. 이때 유가 경전들도 예서로 다시 기록되었다. 오경 가운데 하나인 『역경』은 본래 분서갱유의 대상에서 제외했던 까닭에 별 탈 없이 구전되고 있었고, 『서경』은 마침 제(齊) 땅의 복생(伏生, 기원전 260~기원전 161)이란 학자가 기억하고 있었다. 또한 노(魯) 땅에는 신공(申公, ?~?)이 『시경』을 기억하고 있었으며, 연(燕) 땅에는 한영(韓嬰, ?~?)이 또 다른 판본의 『시경』을 기억하고 있었다. 제 땅의 원고생(轅固生, 기원전 194~기원전 104)이란 학자도 구전 계통이 상이한 『시경』을 기억하고 있었다.[31] 이에 한 문제(文帝)는 복생에게 조조(晁錯, 기원전 200~기원전 154)를 보내 『서경』을 익혀 오도록 했다. 그리고 신공과 한영에겐 박사(博士) 관직을 제수하고 조정에 각각 학관을 열어주었다. 문제를 이은 경제(景帝)도 원고생을 조정으로 불러 신공 등과 똑같이 대우해주었다. 이로써 『서경』과 『시경』이 얼추 복구되었다.

『춘추』도 이 무렵에 복원되었다. 그 해설서인 『공양전』과 『곡량전』은 문제와 경제 시대를 거치면서 관학으로 정립되었다. 공자의 제자 중 문헌에 밝았던 자하(子夏)로부터 공양고(公羊高)에게 전수되었던 『공양전』과 전국시대 노나라 사람인 곡량적(穀梁赤)이 처음으로 구전한 『곡량전』이 다행히도 분서갱유의 화를 피해 전해지고 있었다. 여기에 예와 관련한 전국시대 유학자들의 기록을 대덕(戴德)이 정리하여 『예기』를 찬술함으로써,[32] 유교의 핵심 경전인 오경이 문자적으로 정착되고 경전으로서의 위상도 확고해졌다. 이들은 '당시의 언어[今文]'에 실려 되살아난

---

31 이 세 계통의 『시경』을 각각 '노시(魯詩)'·'한시(韓詩)'·'제시(齊詩)'라고 부르며, 셋을 합쳐 '삼가시(三家詩)'라고 부른다.

옛 경전이라는 뜻에서 '금문경'이라고 불렸다. 그리고 한 무제에 이르러 금문경은 한 제국의 통치 이념으로 격상됐다. 이렇게 분서갱유 때 학살된 책들이 100여 년 만에 황제의 이름으로 부활됐다.

여기에는 금문경학자들의 역할이 컸다. 그들은 살아남은 유학자의 기억에서 지식을 '녹취'했고, 이를 담론의 종자 삼아 갓 출범한 제국의 통치 이념을 빚어내고자 했다. 책은 그에 담긴 바와 현실 권력의 관계에 따라 박해를 받기도 하고 존중되기도 한다. 하여 죽은 책을 되살리는 작업은 사실 그 책에 현실 권력이 승인한 현재적 의의를 부여하는 작업이기도 하다. 곧 명계에 갇힌 책의 환생은 그저 구전된 기억을 문자적으로 정착하는 작업에 그치지 않았다. 그 이상이 필요했으니, 금문경학자들은 이를 통치 이념의 구축이란 차원에서 수행했던 것이다.

다시 쫓겨나는 고전들

결국 황제의 권력으로 죽인 책을 다시 황제의 이름으로 되살

---

32 대덕이 찬술한 『예기』를 일반적으로 『대대례기(大戴禮記)』라고 칭하고, 그의 조카인 대성(戴聖)이 찬술한 『예기』를 『소대례기(小戴禮記)』라고 칭한다. 『소대례기』가 나온 후 『대대례기』는 점차 잊혀져 『소대례기』가 지금 전하는 『예기』가 되었다. 『대대례기』는 금문경이고 『소대례기』는 고문경이었다.

린 셈이었다. 문제는, 황제가 '구전된 기억의 문자화' 사업을 직접 챙겼을 정도로, 이 작업이 처음부터 정치와 밀착되어 있었다는 점이다. 고서의 복원은 그 자체로 정치가 됐고, 그 정점에 금문경학이 놓였다. 그러자 이번에는 금문경학이 다른 고전들을 죽이고자 나섰다.

경제를 이어 제위에 오른 무제는 유생 동중서의 건의를 받아들여 금문경 기반의 유학을 유교로 격상시킨 후 "오로지 유학만을 받들며(獨尊儒術), 제자백가를 축출하는(罷黜百家)" 정책을 시행했다. 제자백가의 지식은 진시황 때에 이어 재차 시련을 겪어야 했다. 특히 전국시대에 '잘나갔던' 학문이 받은 타격은 심대했다. 묵가는 진의 전국 통일 이래 줄곧 배척되었고, 맹자가 묵가와 쌍벽을 이루며 크게 성행했다고 지목한 양주(楊朱)의 학설도 쇠미해졌다. 전국시대를 풍미한 유세객들의 학문이었던 종횡가(縱橫家)도 철퇴를 맞았고, 비판하는 학파마저도 그 학문을 일정 부분 수용할 수밖에 없었던 명가(名家)도 가물거렸다.

뿐만이 아니었다. 제국의 행정에 적잖이 활용되고 있던 법가도 홀대되었다. 법가를 제외한 나머지 학문이야, 가령 묵가처럼 국가보다 공동체를 앞세운다거나 양주처럼 머리카락 한 올 뽑아서 세상을 이롭게 할 수 있다고 해도 그리하지 않겠다고 하는 등 권력과 공존하기가 애초부터 쉽지 않았다. 종횡가도 마찬가지였다. 분열의 시대, 이 나라 저 나라를 다니면서 자신의 역량과 경륜을 위정자에게 '판매'하던 유세객의 학문이었던지라, 황제로의 권력 집중을 추구한 제국과 어울리기 어려웠다. 오늘날의 '형식논리학'과 유사했던 명가는 제국 최고의 통치 이념이 된 유가의 실용·실제 지향적 태도와 접점이 별로 없었다. 따라서 '오로지 유학만을 받든다'는 지배 전략 아래 이들이 축출된 것은 권력의 입장에선 일관된 조치였다. 다만 법가에 임한 시련은 의외일 수도 있다. 동중서의 유학이 실은 공자에서 순자로 이어지는 학맥에 제국의 효율적 통치를 위해 차용한 법가 학설 등의 조합임을 감안하면 더욱 그러하다.

그러나 동중서가 취한 법가의 학설은 어디까지나 도구나 보조의 차원에서 차용됐기에 그들은 결코 유가와 동일한 위상을 겸할 수 없었다. 하여 『한비자(韓非子)』 등 법가의 텍스트는 보존될 수 있었지만 그들의 학설은 참된 지식이 아닌 술수로 치부되며 음지로 밀려났다. 그런데 역사는 참으로 얄궂다. 세월이 흐르자 박해의 당사자인 유가 쪽에서도 『묵자』나 양주, 『한비자』 못지않은 피해자가 나왔다. 바로 『순자』였다. 한 무제 이후 1,000여 년이 훌쩍 넘었을 무렵, 주희란 유생이 성리학이라는 새로운 유학을 들고나왔다. 그는 공자에서 순자로 이어지는 계보 대신에 공자에서 맹자로 이어지는 계보를 정통으로 삼았다. 후자는 전자에 비해 훨씬 근본주의적 노선이었다. 따라서 유가를 중심으로 법가를 융합한 순자의 학문 세계도 크게 문제시됐다.

급기야 순자에 대한 혹평이 나오기 시작했다. 주희보다 앞서 성리학의 단서를 마련했던 선배 학인들 때 이미 순자에 대한 비판이 시작됐다. 당 중엽의 한유(韓愈, 768~824)는 「순자를 읽고서[讀荀子]」란 글에서 『순자』는 논의가 잡다하고 공자에게서 다소 벗어나 있다며 순자를 쟁점화하기 시작했다. 주희의 학문적 멘토였던 송대의 정이(程頤, 1033~1107)는 순자를 지극히 편벽되고 근본을 상실한 자로 폄하하며, 그로 인해 공자가 밝혀놓은 성인의 도가 끊겼다고 힐난했다. 주희는 한술 더 떴다. 순자에 대한 선배들의 평가가 너무 너그럽다며 그를 법가로 재분류해버렸다. 만약 그가 법가가 아니었다면 그의 문하에선 법가 학설을 집대성한 한비자나 분서갱유를 건의한 이사(李斯, 기원전 284?~기원전 208) 같은 인물이 나올 수 없다는 논리였다.

순자가 유가의 정통 자리에서 밀려난 정도가 아니라 아예 유가에서 제명된 셈이었다. 그리고 원 제국이 성리학을 최고 통치 이념으로 채택하자 순자는 회생의 기회를 더욱더 잡지 못한 채한데 자리를 맴돌아야 했다. 그런데 확실히 시간은 책과 지식편이 맞았던 듯하다. 시간이 흐르자 죽은 것 같던 이들이 다시 소생됐다. 만주족이 중국을 통치했던 청대에 있었던 일이다. 당시는 이민족의 중원 통치에 대한 지적 대응이 요청됐고, 성리학의 과도한 사변성에 대한 반발이 심화되던 시절이었다.

쫓겨난 고전을 다시 불러들인 고증학

　청조(淸朝) 또한 제국의 최고 통치 이념으로 성리학을 채택하였다. 중원을 통치하는 데엔 유교가 효과적이라는 역대 왕조의 경험을 따른 결과였다. 그러는 한편으론 가혹하게 사상을 통제했다. 수차례의 사화(士禍)[33]를 일으켜 중화주의에 입각하여 자신들을 오랑캐라 부르며 집권의 정통성을 부정하는 언행을 발본색원하고자 했다.

　무심코 한 말 때문에 자신과 친지들이 큰 고초를 겪는 일은 적지 않았다. 이에 한족 지식인들은 '고증학'을 들고나왔다. 고증학은, 전통적 관습에 의거하면 이른바 '소학(小學)'에 해당되었다. 문자학이나 음운학, 문법학, 교감학(校勘學), 문헌학 등의 지식과 과거의 문물제도에 대한 사전적 앎 등에 주로 기대는 학문이기 때문이다. 따라서 고증학은 대도(大道) 그러니까 진리 탐구가 핵이 되는 학문과 의식적으로 거리를 두었다. 대신 '실사구시(實事求是)'와 '무징불신(無徵不信)'[34] 등의 기준을 엄격하게 적용하여 '순수한' 학술적 지식만을 실증적·비판적[35]으로 연구하고자 했다. 덕분에 고증학자들은 청조의 눈초리에서 한층 자유로

33　이를 중국에선 '문자옥(文字獄)'이라고 부른다. '문자'는 문장, 글이라는 뜻이고 '옥'은 사건이란 뜻이다.
34　각각 '사실에 의거하여 참됨을 추구한다', '근거가 없으면 믿지 않는다'는 뜻이다.
35　이 글에서의 '비판적'은 본래 'critical'의 뜻이다. '비난하다'류의 뜻이 아니라는 것이다. 이는 논리적 정합성을 바탕으로 대상을 지지하거나 공박함을 말한다.

울 수 있었다. 게다가 그들이 설정한 연구 대상은 주로 과거의 텍스트, 곧 고적(古籍)이었다. 현실의 제 문제가 아니었다는 것이다. 결국 고증학은 고적을 오로지 학문의 세계서만 다루겠다고 표방한 셈이 됐고 그 결과, 청조의 끈질긴 사상 통제 속에서도 유교의 경전을 비롯하여 전통 학술을 도리어 폭넓게 연구할 수 있었다.

이 와중에 의도했는지는 불분명하지만, 고증학은 지난 시절 현실 권력과 주류 담론에 의해 '존재감'을 박탈당한 책들을 다시금 살려냈다. 예컨대 『묵자』와 『한비자』, 『순자』 같은 굵직한 텍스트가 이들의 손에 의해 학문 연구의 대상으로 소생되었다. 고증학자들이 보기에 이들은 한대 이래로 또는 성리학의 시대 이후로 학술의 중심에서 배제됐던 까닭에 오히려 통치 이념의 간섭을 덜 받았던 텍스트였다. 하여 상대적으로 과거의 모습을 원형에 가깝게 간직하고 있을 개연성이 높아 보였다. 이는 고적의 원의를 최대치로 투명하게 규명하는 데에 꽤 유용했다. 또한 원형에 가깝다 함은 그만큼 고적의 기원과 가깝다는 뜻이 되기에 이를 근거로 수행한 고적 연구는 객관적 신뢰도가 그만큼 높을 수 있었다. 마침 이들이 처음 간행된 시기도 유가 경전과 제자백가서 등 다수의 고적이 문자적으로 정착됐던 때와 엇비슷했다. 따라서 이들은 고적에 대한 실증적이고도 비판적 지식을 구축하는 데에 소학적 차원에서 신뢰할 만한 자산으로 활용될 수 있었다.

결국 대도(大道)에 대한 지향을 단념하고, 다시 말해 이념적 중립을 지키고 '실사구시'와 '무징불신'을 바탕으로 소학적 앎을 추구한다는, 다시 말해 실증적이고도 비판적으로 연구한다는 태도가 현실 권력과 주류 담론이 '죽인 책'을 되살린 셈이었다. 황제로 대변되는 권력의 힘에 의지하지 않고서 고증이란 학문 방법론만으로 죽은 책을 살려낼 수 있었음이다.

죽은 책을 살려내는 힘의 요체

그렇다면 '죽은 책'을 되살려서 과연 어쩌하자는 것이었을까? 황제가 되살린, 다시 말해 현실 권력이 되살린 경우는 그 답변이 비교적 분명하다. 바로 천하를 경영하는 데에 활용하고자 했다는 점이다. 그 결과로 권력의 유지와 강화에 도움이 됐다면 그것은 덤 정도에 해당되리라. 그럼 고증학이 실증적·비판적 연구를 통해 살려낸 경우는 어떠할까? 학문의 세계에서의 쓸모 외에 또 어떤 용처를 지닐 수 있었을까?

사실 학문에서 대도의 탐구와 소학의 연마는 동전 한 닢의 양면처럼 한 몸을 이루고 있다. 여기서 대도는 진리로, 소학은 학문 방법론으로 치환할 수 있는데, 이 둘을 분리시켜 어느 하나만을 실천한다는 것은 관념의 차원에서만 가능할 따름이다. 진리의 문제는 사회적 차원에서 회피할 수 없는 가치론적 차원의 옳고 그름의 판별 문제와 직결되어 있다. 가령 진리 탐구와 무관하게 오로지 소학만 연마하고자 했다고 치자. 이는, '나는 학문 연구를 이렇게 하겠다'는, 학문 연마에 대한 일종의 입장 표명으로 그것이 사회 안에서 수행된 행위임은 부정될 수 없다. 다시 말해 그 자체가 자동적으로 사회적 행위가 되기에, 입장 표명의 내용과 무관하게 그것은 가치론적 차원에서의 옳고 그름을 따지는 문제와 연동될 수밖에 없게 된다. 고증학도 마찬가지이다. 아무리 고증이라는 학문 방법론에만 관심을 둔다고 해도, 고증이란 활동이 사회 안에서 수행되는 한에는 그것과 가치론적 차원에서의 옳고 그름을 따지는 행위, 곧 진리 탐구가 무관할 수는 없다.

마찬가지로 오로지 고증학적 관심에서 죽은 책을 살려냈다고 해도, 그 행위가 지니는 사회적 의미가 전혀 없을 수는 없다. 그렇기에 고증학이 주로 고적을 대상으로 실증할 수 있는 순수한 학술적 지식만을 체계적으로 다루고자 했지만, 이 작업은 자동적으로 진리 탐구와 연동될 수 있었다. 예컨대 고적에 담긴 바를 실증적·비판적으로 고증한다는 지향은 유교 경전에도 똑같이 적용되었고, 이는 경전과 그에 담긴 성인의 의도를 실증적이고도 비판적으로 규명하는 결과로 이어졌다. 곧 고증의 방법론이 경전과 성인의 원의를 밝히는 작업과 연결되어 있다는 것이다. 여기서 고증학은 진리 추구와 결합된다. 하여 고증학도 진리 그러니까 대도 탐구를 궁극적 목적으로 삼았던 학문들처럼 현실 개선과 미래 기획이 주축인 천하 경영과 만나게 된다. 비록 겉으로는 순수하게 고증이란 학문 방법론의 연마에 필요하여 죽은 책을 살려낸 모양새였을지라도, 그 이면에서는 이렇듯 그 당대의 현실적 필요와 긴밀하게 잇닿아 있었다.

망각된 고전을 되살리는 힘도 그러하다. 단지 오래된 책이라고 하여 어느 시대든 간에 삶의 현장으로 환생되어 고전이 되는 것은 아니다. 마찬가지로 현재적 필요가 있어 힘껏 살려내고자 한다고 하여 다 되살아나는 것도 아니다. 적어도 망각된 고전을 살려낼 수 있는 힘, 곧 황제로 대변되는 현실 권력이든 실증성과 비판성을 추구하는 정신이든 간에, 그것이 현재적 필요와 건설적으로 접속될 때 비로소 가능해지는 것이다.

9. 살아감이 책이 되는 책 읽기
— 어떤 책들을 읽혔는가

소흥(紹興)이라 불리는 고을이 있다. 전근대 시절 중국 문인 문화의 어엿한 한 축으로, 명대와 청대에 걸쳐 내로라하는 사상가가 많이 배출된 사상가의 고장이다. 특히 저 멀리로는 와신상담의 주인공 구천(句踐)이 왕으로 있던 월(越)나라의 도읍으로, 가까이로는 중국의 대문호이자 동아시아를 대표하는 사상가인 노신(魯迅, 1881~1936)의 고향으로 유명한 곳이기도 하다.

○ 소흥의 노신 생가 입구

독서의 세 가지 맛

그곳에는 삼미서옥(三昧書屋)이라는 학당이 보존되어 있다. 노신이 어린 시절 전통 학술을 공부했던 곳이다. 그런데 학당 이름으로 왜 '세 가지 맛'이라는 뜻의 '삼미'란 표현을 썼을까?

이에 대해서는 두어 가지 정도의 풀이가 있다. 하나는 책이 유형별로 지니는 세 가지 성향을 가리킨다는 풀이다. 옛사람들은 경전을 읽을 때면 밥을 먹는 듯하고, 사서를 읽을 때면 고기 반찬을 먹는 듯하며, 제자백가의 책을 읽을 때면 잘 삭은 젓갈을 먹는 듯했다고 한다. 또 다른 풀이는 사서나 제자백가서의 읽는 맛은 위와 같이 풀었고 경전만 맑은 국을 마시는 맛이라고 달리 풀었다. 여기서 밥이나 맑은 국은 주식을 가리킨다는 점에서 결국 이 두 풀이는 하나의 뜻인 셈이다. 그런데 주식인 밥에 고기반찬이 같이 있고, 곰삭은 젓갈마저 곁들여져 있다면 그건 옛사람들에겐 기본을 넘어 성찬이라고 봐야 할 상차림이다. 마찬가지로 '삼미의 독서'라고 하면 이는 독서의 맛을 고루 볼 수 있도록 주식이 되는 책부터 성찬의 상차림을 위한 책들이 두루 갖춰져 있음을 의미한다.

따라서 삼미서옥은, 공자의 언어를 빌리자면 학문에 뜻을 둔〔志於學〕이들이 자율적 어른으로 바로 서는〔立〕데에 필요한 책을 골고루 익히는 곳이라는 뜻이 새겨 있는 학당인 셈이다. 이곳에 입학한 학동들은, 밥이 주식인 것처럼 경서를 기본적으로 그리고 항시 익혔을 것이다. 그러면서 '지식의 단백질 보충'을 위해 역사서를 읽었을 것이고 끝으로 '지식의 성찬'을 위해 제자백가의 저술을 접했을 것이다. 그런데 이러한 독서의 순서는 삼미서옥만의 독특한 방식은 아니었다.

적어도 한대에 들어 유학이 제국 최고 통치 이념으로 격상되면서 그러니까 경학(經學)이 수립된 후로는 경서의 학습이 기본으로 요구됐던 것으로 보인다. 이 과정에서 사서(史書)도 자연스럽게 읽힌 듯하다. '육경은 다 사서'라는 관점이 이미 한대 당시에 제출됐음에서 보이듯 역사서와 경서는 밀접하게 얽혀 있었기 때문이다. 제자백가의 저술도, 비록 관학 차원에선 내쫓겼지만 사적 차원에서는 계속 읽혔던 듯하다. 그러다 한 제국 다음인 위진(魏晉)시대 이후로는 다시금 널리 읽혔다.[36] 혼란스러운 시절이 워낙 오래 지속되다 보니 '경제(經世)'의 지향, 다시 말해 경서 공부를 기반으로 국가 경영에 참여하자는 동기가 그다지 매력적이지 못했다. 대신 문학적 성취가 뛰어난 글을 쓰고자 하는 욕망이 문인 사회를 압도하였다. 위(魏)나라의 첫 황제였던 조비(曹丕, 187~226)는 아예 "문학은 국가를 경영하는 위대한 사업이요, 썩지 아니할 성대한 공적"[37]이라며, 문학성이 높은 글을 황

---

36 제자백가의 저술이 널리 읽혔다는 것은 어디까지나 현실 권력의 역린을 건드리지 않은 텍스트에 한했다. 6장에서 다뤘던 묵가나 양주의 학설, 명가 등은 여전히 널리 읽히지 못했다.
37 조비(그는 『삼국지연의』의 간웅 조조의 아들이다) 자신이 편찬했다는 『전론(典論)』, 「논문(論文)」에 실려 있는 구절로, 원문은 다음과 같다. "文章者, 經國之大業, 不朽之盛事."

제의 이름으로 공인하였다. 이제 문학성이 높은 글 곧 '아름다운 글[美文]'은 순수예술의 세계에서만 의미 있는 존재가 아니라 사회적 차원에서도 매우 중요한 존재로 거듭났다.

어떻게 하면 미문을 잘 쓸 수 있을지를 고민함은 이런 분위기에선 당연한 귀결일 터, 위진남북조시대엔 '중국문학 이론의 황금시대'라는 평가가 나올 정도로 아름다운 글에 대한 담론이 풍성하게 제출되었다. 그 와중에서 경서와 사서, 제자백가서 모두가 글을 아름답게 쓰기 위해 읽어야 하는 기초로 제시되었다.

세 가지 맛에서 네 가지 맛으로

당시뿐 아니라 근대에 이르기까지 '글의 품격은 사람됨의 품격에서 나온다[詩品出於人品]'는 명제가 문인 대다수를 지배하는 관념이었다. 곧 아름다운 글을 쓰기 위해선 먼저 사람됨이 아름다워야 한다는 데에 별다른 이의가 없었다.

> 우주의 복판에 우두커니 서서 깊이깊이 살펴보고 오랜 고적을
> 통해 뜻과 정서를 함양한다. (중략) 대대로 쌓여온 탁월한 공적
> 을 노래하고 선현들의 맑은 사적을 읊조린다. 글의 숲에서 노
> 닐며 아롱지게 빛나는 아리따운 글을 혼상(欣賞)한다. (중략)
> 제자백가서의 진액을 모아 붓고 육경의 감로수로 양치질한다.[38]

아름다운 사람됨을 갖추기 위해선 무엇보다도 천지만물의 섭리부터 인생세간 천태만상에 대한 속 깊고도 폭넓은 공부가 요청되었다. 그래야 겉차림만 그럴듯한 글이 아니라 내용과 형식 모든 차원에서 아롱지게 빛나는 글을 생산해낼 수 있게 된다고 보았다. 위의 인용문에서처럼 굳이 한대의 경학가들처럼 경서만 집중적으로 읽거나 이념에 간섭받아 제자백가의 서적을 외면할 이유가 없었다. 더구나 조비의 언명처럼 망각과 소실을 초래하는 시간의 장벽을 넘어 영원히 기억될 글을 쓰기 위해선 그만큼 기초 역량이 튼실하게 구비되어야 했다. 나아가 선인들이 생산했던 아름다운 글을 별도로 익혀야 할 필요도 생겼다.

문인들의 관심사는 "역대로 쓰지 않은 문구를 거둬들이고, 천 년 동안 놓친 시가를 채택하여 쓰는"[39] 데로 모아졌다. 곧 새로운 표현의 창조가 관건이 되었다. 이를 위해선 기존 아름다운 글에 대한 섭렵이 필요했다. 경서와 사서, 제자백가서에 이은 '제4'의 독서 영역이 요청된 셈이었다. 다만 아름다운 글은 위진시대에 들어서야 사회적 공인을 얻었기 때문에, 다시 말해 그 이전엔 유의미한 글쓰기로 인정받지 못하고 있었기에 경전[經]과 사서[史], 제자백가서[子]처럼 자기만의 독자적 영역을 구축

---

38 육기(陸機, 261~303)의 「문부(文賦)」에 나오는 말이다. 원문은 다음과 같다. "佇中區以玄覽, 頤情志於典墳. (중략) 詠世德之駿烈, 誦先人之淸芬. 遊文章之林府, 嘉麗藻之彬彬. (중략) 傾群言之瀝液, 漱六藝之芳潤."
39 위의 글에 나온다. 원문은 다음과 같다. "收百世之闕文, 採千載之遺韻."

하지 못하고 있었다. 하여 초사(楚辭)나 한부(漢賦)[40]처럼 아름다움의 창출을 궁극적 목표로 수행된 글쓰기가 엄존하였음에도 이들은 늘 '글의 숲'에서 가장자리에 간신히 끼었을 정도였다.

결국 선대의 아름다운 글을 섭렵하기 위해서는 그러한 글들을 따로 모아 새로운 '글의 숲'을 조림해야 했다. 이에 사람들은 그 숲에 심을 나무를 모으기 시작했다. 먼저 아름다운 글의 대명사인 한부 계열의 글을 모았고 다음으로 『시경』의 후예인 시를 경서에 넣지 않고 따로 빼내어 모았으며 초사와 그 변주들도 문체별로 모았다. 그런 다음엔 훗날 산문이라고 분류된 다양한 글을 문체별로 모았다. 모으고 보니 그 양이 엄청났다. 하여 기준을 세워 그중에 탁월한 글만을 가려 뽑기로 했다. 선문(選文)의 기준은 그간의 논의에 의지하면 충분했다. '깊은 내용과 아름다운 수사'라는 뜻의 '침사한조(沈思翰藻)'가 그것이었다. 이는 내용이면 내용, 형식이면 형식 모두에서 각각 빼어나면서 동시에 서로가 서로를 더욱 빛나게 해줘야 참되게 아름답게 된다는 관념의 소산이었다. 이로써 아름다운 '글의 숲'을 조성할 준비가

---

40 초사는 전국시대 초나라 일대서 불렸던 시가로, 미려한 형식과 깊이 있는 서정, 탈속적이고 낭만적인 내용 등으로 인해, 중국문학사에서 유미주의적 글쓰기의 전범으로 추앙되었다. 전국시대 말엽의 굴원(屈原)이 대표적 작가이며, 그가 지은 「이소(離騷)」는 중국문학을 대표하는 비가(悲歌)로 꼽히기도 한다. 한부는 한 제국을 대표하는 문체로, 운문과 산문의 중간쯤에 자리한 문체의 글이다. 도성이나 궁궐, 황제의 사냥이나 정원 등을 소재로 하여 그 화려하고 웅장한 모습을 나열적으로 묘사한 작품이 주를 이룬다. 형식미를 극도로 추구한, 화려하면서도 장중한 품격의 글이다. 일반적으로 초사라 병칭되어 중국문학사에서 유미주의적 글의 전범으로 꼽혀왔다.

끝났고, 경·사·자를 제외한 역대의 글에서 아름다운 글들이 모아졌다. 남북조시대 양(梁)나라의 소명태자(昭明太子, ?~531)가 편찬한 『문선(文選)』이 바로 그 결정체였다.

이후 아름다운 글은 경·사·자와 더불어 '글의 숲'을 이루는 어엿한 일원이 되었다. 단지 중국뿐만이 아니라, 통일신라시대 『문선』이 상급 관료가 되기 위한 임용 시험 과목 중 하나였던 데서도 확인되듯이, 아름다운 글은 경·사·자처럼 한자권 공통의 읽을거리로 제시됐다. 책이 주는 세 가지 맛 바깥에 또 하나의 맛이 꽤 오래전부터 실재해왔던 셈이니, 이로써 책 읽기의 맛이 명실상부하게 고루 갖춰졌다고 할 수 있게 된다.

경전 읽기가 곧 삶의 목표

다만 맛을 고루 갖췄음이 맛들 사이에 우열이 없었음을 보증해주지는 않는다. 한대에 경전 학습이 독보적 지위를 점하고 있었던 것처럼 언제든 책 읽기 사이에 우열이 설정될 수 있었다. 특히 성리학의 시대에 와서는 그러한 우열이 유달리 강조됐다. 남송의 주희에 의해 집대성된 성리학은 '도학(道學)'이라는 별칭이 있는 데서 알 수 있듯이, 공자와 맹자로 대변되는 성현의 도를 체득함이 무엇과도 바꿀 수 없는 삶의 목표로 설정되어 있었다. 하여 아름다운 글은 물론이고 제자백가의 서적 가운데서도 성현의 도를 체득하는 데 별 도움이 되지 않거나 방해가 되는 것들은 응당 멀리해야 했다. 글을 지음도 마찬가지였다. 성현의 도를 명쾌하게 담아냄이 글짓기의 유일무이한 목표였다. 이를 저해할 가능성이 있다면 아름다움이나 풍요로운 내용 등은 마땅히 버려야 했다. 단적으로 글은 성현의 도를 담아내는 도구에 불과하니 도구가 화려해서 독자의 시선을 앗아가는 일을 범해선 안 된다는 것이었다.

이에 성리학에서는 독서의 여러 맛 가운데 경서의 맛이 최고로 꼽혔다. 그리고 경서의 맛을 보완하는 데 필요하다는 점에서 사서의 맛도 일정 부분 인정하였다. 그 나머지는 권장 대상에 들지 못했다. '글은 다만 도를 담는 그릇'[41]에 불과하기에 그릇 치장에 치중한 부류의 책은 굳이 접할 필요가 없다고 보았기 때문이다. 이에 성리학자들은 『천자문(千字文)』 등으로 글자 공부를 마치면 '몽학서(蒙學書)'라 불린, 그러니까 학동들의 어리석음을 깨우치기 위해 고안된 『소학(小學)』 같은 입문용 서적을 읽게 하였다. 다음으로는 성리학의 경전인 '사서'를 순서에 따라 익히게 했다. 순서라 함은 『대학』, 『논어』, 『맹자』, 『중용』의 순으로 읽음을 말한다. 『대학』에는 왜 학문을 하는지가 담겨 있기에 학문의 길에 본격적으로 들어선 이들이 먼저 익혀야 한다고 여겼다. 다음으로 『논어』를 읽으면서 자율적이고 독자적 학인으로

41 성리학의 글에 대한 이러한 관념을 논자들은 '문이재도(文以載道)'라고 명명하였다.

서 익혀야 할 바가 무엇인지를 깨닫게 하고자 했다. 그러곤 『맹자』를 읽음으로써 학인이 갖춰야 할 자세와 내면의 역량을 기를 수 있게 하고자 했다. 끝으로 『중용』을 익힘으로써 하늘의 도, 곧 천리를 깨치도록 유도하였다. 이렇게 사서를 다 익히면 다음으로 오경을 읽고, 그다음 단계에서는 『사기』와 『한서』를 비롯한 사서(史書)를 읽게 하였다.

성리학에서는 단계에 따른 학습이 무척 강조됐기에 이러한 독서의 순서는 가히 절대적이었다. 그렇다 보니 성리학을 익히려면 성현의 말씀이 담긴 전적을 비롯하여 그와 연관된 선인의 서적을 착실히 또 충분하게 읽어야 했다. 문제는 그 수량이 적지 않았던 까닭에 독서의 폭을 성리학 바깥의 전적으로 넓히기가 쉽지 않았다는 데에 있었다. 물론 이는 성리학 안에서는 거의 문제가 되지 못했다. 학문의 궁극적 목적은 또 살아감의 이유는 하늘의 도리(道理), 곧 천리(天理)를 온전히 익히고 이를 실천하는 것이었다. 이를 위해선 마땅히 경전의 학습을 중시해야 했다. 거기엔 천리를 깨달은 성인들이 베푼 말씀과 그들의 사적이 실려 있어, 이를 통해 천리를 깨우칠 수 있었기 때문이다. 이렇게 성리학자들에게 하늘의 도리 규명은 자기 삶을 주도하는 정신이었고, 경전의 학습은 이를 실현하는 실질적 기반이었다.

하여 그들은 삶의 주안점을 세상 경영(經世)보다는 경전을 주석하고 하늘의 도리를 탐구하는 데에 두었다. 경전에 의한, 하늘의 도리를 위한 생애를 기꺼이 선택하였으니, 그렇게 그들의 삶은 하늘의 도리와 경전을 위한 주석으로 기념됐다. 그들이 경전을 읽는 모양새였지만 실상은 경전이 그들을 지배하는 셈이었다.

살아가기가 곧 책 읽기가 되는 회로

그렇다 보니 시간이 흐를수록 성리학은 경직되고 교조화되어 갔다. 변화된 시대에 아랑곳 않고 하늘의 도리와 경전의 내용을 있는 그대로 적용하고자 했기 때문이다. 이에 대한 문제 제기가 이어진 것은 당연한 귀결이었고 그 한 흐름이 양명학으로 모아 졌다.

명대 중엽, 왕양명은 주희 당대부터 이미 성리학에 대립각을 세웠던 심학(心學)을 토대로 양명학을 일궈냈다. 그의 관심사는 마음이었다. 주희는 하늘의 선한 본성(性)이 모든 사람의 마음에 깃들어 있지만, 마음에는 그것뿐 아니라 정욕도 함께 있기에 선한 본성이 가리게 된다고 보았다. 따라서 정욕에 가려진 선한 본성을 되찾는 공부가 요청된다. 그래야 하늘의 선한 본성 곧 천리와 일체가 되는 경지에 도달할 수 있게 된다. 이것이 성리학의 대표 명제인 '성즉리(性卽理)'이다. 이에 비해 양명은 사람 누구나 다 하늘의 선한 본성을 타고나는 것은 맞는데, 그것은 마음의 일부에 깃드는 것이 아니라 마음 자체가 선한 본성이라고 보았다. 마음을 구성하고 있는 정욕 등도 선한 본성의 일부라고 하였다. 다만 마음은 후천적 요인에 영향을 받아 오염될 수 있다. 그러나 이는 마음 자체가 악해서가 아니다. 거울을 방치하면 때가 묻는데, 때가 묻었다고 하여 거울의 본성이 더러워서 그렇게 됐다고 할 수는 없다. 마찬가지로 마음도 낀 때를 벗기면 본래의 선한 성품을 드러내게 되어 하늘의 선한 본성과 일체를 이루게 된다. 이것이 양명학의 대표 명제인 '심즉리(心卽理)'이다.

그래서 양명학에서는 마음공부가 핵심을 이룬다. 내 마음이 온통 하늘의 선한 본성, 곧 천리이기에 내 마음이 온전해지면 곧 천리를 깨닫고 그것과 일체를 이룰 수 있게 된다. 반면에 성리학은 내 마음에 깃든 하늘의 선한 본성, 곧 천리를 찾아내는 공부를 수행해야 한다. 이를 위해선 무엇이 천리인지를 먼저 깨달아야 한다. 그렇기에 성인의 말씀과 사적이 담긴 경전과 그 해설서를 읽어야 한다. 앞서 서술했듯 그 속에 천리가 담겨 있다고 여겼기 때문이다. 하여 주희는 경전 공부를 무엇보다도 우선시하였지만 양명에겐 꼭 그럴 필요가 있진 않았다. 천리는 우주 만물을 존재케 하는 근본 원인이다. 내 마음이 곧 그러한 천리라는 설정은 그렇기에 맹자의 통찰처럼 우주 만물이 내 마음에는 다 담겨 있다[42]는 뜻이 된다. 따라서 굳이 마음 밖에서 천리가 무엇인지를 찾아보지 않아도 된다. 내 마음을 바로잡는 것만

---

42 『맹자』, 「진심상(盡心上)」에 나오는 구절이다. 원문은 다음과 같다. "萬物皆備於我心."

으로도 우주 만물에 대하여 명확하게 알게 된다는 것이다.

왕양명의 삶이 주희의 그것과 사뭇 달랐던 까닭도 여기서 연유된다. 그는 명대를 대표하는 학자인 동시에 명대 최고의 장수이기도 했다. 세상과 하직한 곳도 오지에서 발생한 반란을 진압하고 돌아오는 길이었을 정도로 국가의 일로 분주하였다. 오죽하면 그의 문인들이 대체 그가 언제 시간을 내서 공부하는지를 궁금해하는 지경이었다. 이에 양명은 "일을 하면서 공부했다〔事上磨練〕"라고 답했다. 그에게 전장은 싸움터임과 동시에 치열하게 마음공부를 펼쳐내는 배움터이기도 했다. 비단 전장뿐 아니라 살아가며 마주하는 모든 일이 공부 거리이자 그 터전이었으니, 공사에 임하든 물러나 개인 생활을 영위하든 간에 그에겐 삶터 자체가 읽을 책이었던 것이다.

경전 읽기에서 경전 쓰기로

그렇다고 양명이 경전 등의 독서를 마냥 도외시했던 것은 아니다. 경전 학습 등 독서는 양명학에서도 중요한 계제로 설정되어 있다. 경전의 학습을 통해야 '나'가 각성돼 마음공부를 시작할 수 있기 때문이다. 또한 경전에는 마음공부를 온전히 수행하여 심즉리를 구현한 성현의 말씀과 사적이 담겨 있기에 그것은 '나'가 행한 마음공부를 점검할 수 있는 미더운 길의 하나였다.

다만 경전 학습 등 독서를 소환하는 정신이 실천을 위한 마음공부임에 유의해야 한다.

다시 말해 양명에게 경전 공부는 마음공부의 일환이었다. 그렇게 경전은 그들에겐 삶을 통해 구현해야 하는 목표가 아니라 '나'가 심즉리를 체현하기 위한 방법이었다. 그래서 주희와 다르게 양명은 '경전은 내 마음의 주석[六經皆注我心]'이라며, 그것을 자기 삶을 이해하는 데의 참고 자료로 삼을 수 있었다. 주희와는 정확하게 반대되는 방향에서 경전과 '나'의 관계를 설정한 셈이었고, 그래서 양명은 경전을 공부해도 그것의 권위에 지배받지 않고, 그것을 삶의 현장으로 끌고 들어와 살아가며 부딪히는 온갖 문제를 풀어가는 도구로 활용할 수 있었다. 그 결과, 양명의 책 읽기는 '일상을 영위하기' 그 자체가 되었고, 그의 삶은 그렇게 또 하나의 새로운 고전으로 영글었다.

결국 똑같이 책을 읽는다고 해도, 설령 그것이 경전이라고 할지라도 그러한 읽기를 기반으로 무엇을 쓰느냐에 따라 사뭇 다른 삶의 양태가 또 학문 세계가 빚어졌음이다. 주희는 경전과 치열하게 만나 경전의 주석을 썼고, 양명은 그를 통해 자신의 삶을 써냈다. 그렇기에 양명의 삶은 그 자체로 또 하나의 책으로 후학들에 의해 기념될 수 있었다. 삶이 곧 새로운 책이 되는 회로의 구현, 이것이 주희와 다르게 경전을 기념하는 양명의 방식이었다.

10. 인문적 시민사회와 고전
— 고전 읽기 기반 인문 교육을 위한 제언

우리가 관습적으로 '글'이라고 새기는 '文(문)'은 본래 무늬를 뜻하던 글자이다. 한자의 가장 오래된 글꼴인 갑골문에서 '文'은 사람의 가슴에 무늬가 그려져 있는 형상을 띠고 있다. 요즘 부쩍 강조되는 인문학의 인문(人文)은 그러니까 '사람의 무늬'라는 뜻이 된다. 그런데 '사람의 무늬'라는 것이 도대체 무엇일까?

'동적 활동'을 통해 구현되는 사람의 무늬

무늬는 겉으로 드러난 일정한 모양을 가리킨다. 주로 '명사형'으로 명명되며, 고정적이고 평면적이며 정지된 형상으로 인지된다. 가령 물결무늬라고 하면, 그건 움직이는 물결 자체를 지시하지 않고 그것을 평면에 옮겨놓은 형상을 가리킨다. 그러나 무늬가 늘 그렇기만 한 것은 아니다.

천문(天文)을 예로 들어보자. 보통 '천문을 본다'고 할 때 이는 단순히 별들이 수놓은 '하늘의 무늬'를 큰곰자리니 사자자리니 하며 정태적 형상으로 인지하는 것만을 뜻하지 않는다. 그보다는 하늘의 무늬를 통해 별들의 움직임을 추적하고 이를 바탕으로 의미를 구성해내는 활동을 가리킨다. 실상은 움직임을 보는 것임에도 표현은 멈춰서 있는 무늬를 본다고 했으니, 무늬를 평면적이고 정적 양태 그 자체뿐 아니라 거기에 움직임을 내포하고 있는 형상으로도 이해했던 것이다.

'사람의 무늬' 또한 마찬가지이다. 그것은 '人'이나 '大'처럼 '사람의 외형을 본뜬 무늬'[43]가 아니라 '사람다움'을 표상하는, 정지 속에 움직임을 내포한 '정중동(靜中動)'한 형상이다. 사람다움은 삶의 실제에선 움직임을 통해 드러나고 실현된다. 하여 사람의 무늬, 곧 인문은 주로 '동사형'으로 표현되거나 설명된다. 공자는 사람다움의 요체인 인(仁)의 정체를 묻는 제자들에게 '인(仁)은 인(人)과 이(二)의 결합'으로, '사람들 사이의 관계를 제어하는 근원적 윤리 덕목' 식으로 설명하지 않았다. 인(仁)을 추상화하거나 개념화하지도 않았다는 것이다. 대신 "나를 이기고 예로 돌아가기", "내가 하기 싫은 것을 남에게 시키지 않기"[44]와 같

---

43 '大(대)'는 독자적 글자로 쓰이면 '크다'는 뜻을 표하지만, '大'란 형상은 사람의 모습을 본뜬 것이다.
44 둘 다 『논어』의 「안연(顔淵)」 편에 나오는 말이다. 원문은 순서대로 다음과 같다. "克己復禮.", "己所不欲, 勿施於人."

은 구체적 행위를 적시했다. 사람다움은 고정적 실체라기보다는 '과정적 실체'이었기에 구체적 활동과 직결된 동사로 표현할 수밖에 없었던 것이다. 동사는 명사에 비해 상대적으로 '고체적'이지 않고 '액체적'이기에 활동하는 실체의 표현에 적합했기 때문이다.

사람다움의 무늬가 주로 동사로 표현되고 설명된다는 것은 인문이 곧 힘(macht)과 밀접하게 연동되어 있음을 시사해준다. 그것은 예컨대 '나'가 사람다운 사람임을 나타내는 능력임을 의미한다. 직립보행이라는 형상을 갖추었다고 하여 사람인 것이 아니라, 공자의 예시처럼 나를 극복하고 예로 돌아가야 사람이고, 내가 하기 싫은 것을 남에게 시키지 않아야 사람이라고 할 수 있다는 것이다. 그것은 '그릇'[器]과 연관되기보다는 그것에 담기는 '물'과 연관된다. 인문을 체현하고 있어 삶 자체가 인문인 군자는, 공자가 "그릇이어서는 안 된다"[45]라고 했듯이 '불기(不器)'의 능력을 지니고 있는 존재로 규정된다. '불기'는 순간순간 구성되는 현실에 대처하는 '변이 능력'을 가리킨다. 주전자가 필요한 현장에선 주전자가 되고, 술잔이 필요한 맥락에선 술잔이 되는 능력이 바로 '불기'의 본질이다. 마치 도마뱀[易]처럼[46] 새로운 상황이 조성될 때마다 그 현장에 가장 '적합한' 양태로 자신을 변용(變容)시키는 능력을 지닌 자가 곧 군자인 것이다.

45 『논어』, 「위정(爲政)」 편에 나오는 말이다. 원문은 다음과 같다. "子曰, 君子不器."

사람다운 이[仁者]의 진면목

이러한 사람은 능동적일 수밖에 없다. 그는 복수의 능력이 인간의 형상을 띤 것이 자신이라고 주장한다. 그에게 있어 현실은 그때그때 조성되는 것이기에, 현장에선 늘 동적으로 자신을 그 현장에 적합하게끔 변이시킨다. 그는 '인(仁)하고자 하는 순간 인(仁)해지는'[47] 역량을 갖추고 있기 때문이다.

불합리한 제도나 폭압적 질서도 그에게는 그다지 장애가 되지 않는다. 도리어 그는 그것을 자신의 능력을 신장하고, 자신을 한층 더 능동적이고 긍정적으로 변이시키는 데에 적극적으로 활용한다. 니체의 말처럼, 그의 긍정하는 힘은 부정적인 것마저도 자신을 강화하는 데에 활용된다.[48] 성난 군중에 포위된 공자가 "하늘이 문명을 포기하지 않을 터인데 광 땅 사람들이 날 어찌하겠느냐?"[49] 하며 도리어 강해졌듯이, 자신의 뜻을 펴고자 노구를 이끌고 수년간 지난한 여정을 감내했건만 별무 소득

---

46 '易'은 주로 '변하다', '쉽다'의 뜻으로 쓰이는 한편 '도마뱀'의 형상을 본뜬 글자로도 이해된다. 한편 도마뱀은 변한다는 뜻과 연관이 깊기도 하다.

47 『논어』, 「술이(述而)」 편의 "내가 인해지고자 하면 곧 인이 내게 이르게 된다(我欲仁, 斯仁至矣)"라는 구절을 변용한 것이다.

48 이 구절은 니체의 다음의 언명을 토대로 재구성했다. "긍정은 부정을 수단으로 사용할 수 있으나 부정은 긍정을 수단으로 사용할 수 없다." - 고병권, 『니체, 천 개의 길 천 개의 눈』(소명출판사, 2001), 204쪽에서 재인용.

49 『논어』, 「자한(子罕)」 편에 나오는 말이다. 원문은 다음과 같다. "天之未喪斯文也, 匡人其如予何."

이었을 때, 좌절하지 않고 고향으로 돌아가 젊은 후학을 양성하리라 다짐하며 주어진 조건에서 할 수 있는 최적의 일을 찾아낼 수 있듯이 말이다.

하여 '사람다운 자[仁者]'는 진정으로 유능한 자이다. 인자에게 인(仁), 의(義), 예(禮), 지(智), 신(信) 같은 덕목은 초월적으로 존재하는 도덕률이 아니라 '할 줄 앎'과 직결된 역량이었다. 인(仁)하기에 '불기(不器)'한 군자의 삶을 펼쳐낼 수 있었고, 의(義)하기에 부모에 대해선 아들다운 아들, 자녀에 대해선 아버지다운 아버지 노릇을 수행[50]할 수 있었으며, 예(禮)하기에 육체의 욕망에 휩싸이지 않고 온 천하 만민을 형제로 삼을 수도 있게 된다.[51] 따라서 그의 능력은 자신에게만 유효하게 적용되는 것은 아니다. 그는 자신의 능력으로 타인을 먼저 세우고 그를 영달케할 줄 아는 것[52]처럼, 그의 능력은 타인에게도 또 사회에서도 유효하다. 그렇다고 인자가 마냥 너그럽기만 한 이는 아니다. "오직 인자만이 다른 사람을 좋아할 수도 있고 다른 사람을 미워할 수도 있다"[53]라는 공자의 말처럼, 그는 '엄격한 자'로서 어떠한 조건에서도 자신의 뜻을 지키고 실현하는 능력을 지니고 있

---

50 이는 『논어』, 「안연」 편의 "군주는 군주다워야 하고 신하는 신하다워야 하며 아버지는 아버지다워야 하고 아들은 아들다워야 한다(君君, 臣臣, 父父, 子子)"라는 구절을 변용한 것이다.

51 이는 『논어』, 「안연」 편의 "군자가 매사에 성실하여 잘못함이 없고 남에게 공손하고 예를 갖추면 온 천하가 다 형제이다(君子敬而無失, 與人恭而有禮. 四海之內, 皆兄弟也)"라는 구절을 변용한 것이다.

다. 깊은 통찰에서 연원하는 확신을 지니고 있기 때문이다.

아무리 많은 이가 누군가를 칭찬한다고 해도 그는 흔들리지 않고 그 이면을 들여다본다. 그곳서 목도하는 본질을 통찰하고는 이를 기반으로 평가한다. 그런 그의 눈에, 예컨대 '향원(鄕愿)'처럼 대다수에게 좋은 평가를 받지만 공공선의 증진엔 아무런 도움이 되지 않는, 그런 외양만 번지르르한 이들은 가차 없이 비판된다. "덕을 해치는 도적 같은 놈"이라고![54]

살아 움직이는 고전

인문은 이렇게 인자 곧 사람다운 이가 되는 과정을 지시하는 '살아 움직이는' 무늬다. 능력의 신장을 통해 자신을 변이시키고 현실을 최적의 상태로 꾸준히 조성해가는 능동성의 동적 표현이다.

52 이는 『논어』, 「옹야(雍也)」 편의 "무릇 인자는 자신이 서고자 하면 타인을 세우고, 자신이 현달하고자 하면 타인을 현달하게 한다(夫仁者己欲立而立人, 己欲達而達人)"라는 구절을 변용한 것이다.
53 『논어』, 「이인(里人)」 편에 나오는 구절이다. 원문은 다음과 같다. "子曰, 惟仁者能好人, 能惡人."
54 이 장의 서두부터 여기까지의 서술은 필자의 「인문교학의 실현을 위한 제언」(한국중국어문학회 편, 『중국문학』, 제40집, 2003)의 '제3장 인문, 현실을 구성하는 능력'의 내용을 수정, 보완한 것이다.

305편의 『시경』을 외운다고 하여 내정을 맡겼더니 모자라고, 외국으로 파견했더니 일처리를 제대로 못 했다. 많이 외운들 무엇하겠는가?[55]

훗날 경전의 반열에 오른 『시경』은 『서경』, 『역경』과 함께 공자 시대의 대표적 고전이었다. 거기엔 앞선 시기의 인문이 오롯이 담겨 있었다. 공자는 이를 '동사적'으로 읽었다. 한 수의 시를 익힌다 함은 그 뜻을 이해하고 구절을 암송하는 것이 아니라, 그것을 삶의 현장에서 시의적절하게 활용할 수 있게 됨을 의미했다. 단지 한 수의 시라 할지라도, 그것을 익히기 전과 익힌 후의 능력에는 분명한 차이가 있어야 한다는 것이다. 이를 위해선 한 모퉁이를 들어 보여주면 나머지 세 모퉁이에 대해서도 알게 되도록 분발할 줄 알아야 한다[56]고 주문한다.

그래서 공자는 『시경』을 읽으면 '자신을 진작시킬〔興〕' 줄 알아야 하고, '정치의 잘잘못을 볼〔觀〕' 줄 알아야 하며, '더불어 선하게 어울릴〔群〕' 줄 알아야 하고, '공적 분노를 발할〔怨〕' 줄 알아야 한다고 했다. 고전을 접함으로써 내 생각에서 사악함이

---

55 『논어』, 「자로(子路)」 편에 나오는 구절이다. 원문은 다음과 같다. "誦詩三百, 授之以政, 不達, 使於四方, 不能專對. 雖多, 亦奚以爲."
56 『논어』, 「술이」 편의 "발분하지 않으면 일깨워주지 않았고, 답답해하지 않으면 계발하여주지 않았다. 한 모퉁이를 들어 보였을 때 나머지 세 모퉁이에 대해 안다는 반응이 없으면 다시 가르치지 않았다(不憤不啓, 不悱不發. 擧一隅不以三隅反, 則不復也)"라는 구절을 변용한 것이다.

소거되는[57] 변이를 겪게 되기 때문이다. 또한 고전을 공부하지 않으면 더불어 말을 할 수 없게 되며, 벽을 마주하고 선 듯한 삶을 살게 된다고 경고했다. 하여 제자들이 살아가며 조우한 이치를 『시경』 등의 고전에 되비추어 참된 앎에 이르렀을 때 공자는 찬탄을 거듭하며 진정 기뻐했던 것이다.

이는, 그가 고전을 지식 전수의 요체로만 보지 않고, 사람다운 삶의 영위를 가능케 하는 능력 신장, 자기 증강의 터전으로 삼았기에 가능했던 일이다. 고전이 '나'를 사람답게 만들어주는 무늬와 만날 때 양자는 이렇게 모두가 동적으로 개화될 수 있는 것이었다.

인문은 '옵션'이 아닌, 삶의 '기본값'

'G20'이라는 문구가 종종 운위된다. 정치적 때가 묻었다고 하여 폐기하기엔 다소 아까운 표현이다. 선진국의 문턱에 다다랐다고 하여 뿌듯해졌기 때문이 결코 아니다. 더는 인문 교육과 고전 읽기를 외면할 수 없는 시대가 도래했음을 그 문구가 웅변해주기 때문이다.

---

57 이는 『논어』, 「위정(爲政)」 편의 "『시경』의 시 300수를 한마디로 개괄하면 생각함에 사악함이 없는 것이다(詩三百, 一言以蔽之, 曰, '思無邪')"라는 구절을 변용한 것이다.

정신적·물질적 차원 모두에서 수월성을 지속적으로 구현하고, 보편적이면서 동시에 독자적 인문을 창출하는 상태를 일러 '선진국다움'이라 한다면, 선진국다움의 구현은 타자를 벤치마킹하여 도달할 수 있는 범위를 넘어서 있다. 그것은, 선진국의 역사와 현 상태가 웅변해주듯이, 한 국가가 자력으로 국제적 보편성과 경쟁력을 갖춘 인문을 창달했을 때 비로소 구현될 수 있다. 그래야 새로운 '벤치를 만들어내는(bench-making)' 능력을 갖출 수 있게 되며, 언어와 이념, 국가 등을 가로질러 공유될 수 있는 한국발 '보편 인문'을 창출해낼 수 있게 된다. 여기서 새로운 '벤치'를 만들어가고 보편 인문을 창조해내는 것은 고스란히 미래를 조성해가는 행위이다. 한국이 'G20'이란 문구와 연동됨은, 개인부터 국가 차원에 이르기까지 선진국을 열심히 쫓아가서 잘 모방하면 그것이 곧 미래가 되는 단계에서 벗어났음을 말해준다. 지난 시절 선진국이 개도국 한국의 미래가 되었다면 이젠 선진국다움의 실현이 한국의 미래가 되었다는 것이다. 그러면 우리는 무엇을 토대로 새로운 미래를 만들어갈 것인가?

가슴이 아리더라도 인정할 수밖에 없는 사실은, 이른바 '우리의 역사'에서 보편 인문을 만들었던 경험이 매우 일천하다는 점이다. 가장 가까이에서는 정조의 규장각 프로젝트가 있었지만 안타깝게도 이는 결실되지 못했으니, 세종의 집현전 프로젝트가 성공한 가장 최근의 사례일 것이다. 그런데 이 경험을 '지금-여기'로 끌어오기에는 시차가 너무 나지 않는가? 그렇다면 어찌

해야 할 것인가? 답은 분명하다. 머리로는 그 필요성을 인정하면서도 현실을 빌미 삼아 외면해왔던 고전 읽기[58] 기반 인문 교육의 강화가 그것이다. 오늘날 우리는, 우리에게서 없다는 점이 거의 문제되지 않는 문명 조건에서 살고 있다. 보편 인문을 창출했던 외부의 경험에 풍요롭고도 신속하게 접속할 수 있는 문명 토대가 이미 충분히 깔려 있기 때문이다. 고전이 그러한 경험의 결정체임은 부연이 필요 없는 참이다. 따라서 외부의 고전을 우리의 경험으로 전화하는 작업을 능동적이고도 체계적으로 수행해야 한다. 다만 이는 결코 개인 차원에서 수행될 수 있는 바가 아니다. 적어도 지방자치체나 국가 차원에 이를 위한 제도적 기반이 갖춰져야 비로소 유의미한 수준에서 실현될 수 있게 된다.

그래야 고전 읽기 기반 인문 교육은 대학에서나 하는 것, 먹고사는 문제와 동떨어진 것 등등의 통념을 깰 수 있게 된다. 고전과 인문은 삶의 실제와 분리된 채로 고고하게 존재하거나 단지 고등 학문의 바탕이기만 한 것이 아니라, 개인 차원부터 국가 차원에 이르기까지 사람다운 삶과 사회를 구현하는 데의 바탕이기도 하다. 따라서 고전 읽기 기반 인문 교육은 '생애 전반에 걸친 교육'이어야 한다. 초등교육과정부터 평생교육에 이르기

---

58 필자가 10장에서 말하는 '고전 읽기'는, 9장에서 서술한 왕양명의 고전 읽기, 곧 자신의 삶을 쓰는 행위로서의 고전 읽기를 의미한다. 곧 고전 읽기는 항상 자기 삶으로 다시 쓰는 '고전 쓰기'로 수렴되어야 한다는 것이다.

까지, 사람다움의 무늬가 누구에게나 자율적이고도 행복한 삶의 밑천으로 제공될 필요가 있다. 이것이 실현된 사회를 일러 '인문적 시민사회'라고 한다면, 그러한 사회가 구현될 때 비로소 우리가 창출하는 미래는 지구촌의 공동 자산으로 활용될 수 있을 것이다.

2부 ○ 서양편

1. '고전(liber classicus)'의 탄생

　서양의 최고 고전인 『일리아스』나 『오디세이아』를 지은 혹은 엮은 호메로스(Homeros, 기원전 8세기)도 이 작품들을 만질 때에 이것들이 고전이라는 생각을 하지는 않았다. 이름을 무엇이라 불렀든 간에, 자신의 작품이 시간이라는 망각과 망실의 폭압을 견디고 후대에도 사랑받는 작품이 되기를 염원하는 희망이 명시적으로 언표된 작품은, 적어도 내가 읽은 바에 따르면, 투키디데스(Thucydides, 기원전 454~기원전 399년)의 『펠로폰네소스 전쟁사』이다. 그의 말이다.

　　일어난 일들에 대해, 그리고 언제고 다시 인간 본성에 따라 이러한 그리고 이와 유사한 일들이 일어나게 될 앞으로의 일들에 대해서 명확하게 알기를 원하는 모든 이들은, 바로 이 책이 충분히 유용하다고 판단할 것이다. 한번 듣고 사라질 경연장의 출품작이 아닌, 영원한 보물로 이 작품은 지어졌다.

투키디데스는 자신의 작품이 오늘날 의미의 '고전'이 아니라 이보다 더 높은 지평에 있는 '영원한 보물(Ktes te eis aieis)'이라고 주장한다. 이와 같은 주장이 아마도 역사적으로 '고전'에 대한 초기 인식이었을 것이다. 흥미로운 사실은, 자신의 작품이 위대하다는 저자들의 생각을 투키디데스만 한 것이 아니고, 예를 들면, 핀다로스(Pindaros, 기원전 522~기원전 446)와 같은 시인도 자신의 노래가 위대한 힘을 가지고 있으며, 죽음을 피하지 못하는 인간은 그 힘 덕분에 기억의 세계에 영원한 삶을 남길 수 있다고 노래한다(참조, 「올림피아 찬가 1」). 자신의 작품의 위대함에 대한 이런 생각은 로마의 문인들에게도 그대로 전해지는데, 그 대표적인 시인이 호라티우스(Horatius, 기원전 65~기원전 8)이다. 그의 노래 가운데에 한 대목이다.

> 나는 완성했도다. 청동보다 더 오래가고
> 〔이집트〕 왕들이 세워놓은 피라미드들보다 더 높으며
> 갈아먹기를 좋아하는 폭우도, 통제할 수 없는 북풍도
> 무너뜨리지 못할 뿐만 아니라 연년세세 헤아릴 수 없는 세월도
> 재빨리 도망치는 시간도 쓰러뜨리지 못할 나의 작품을.
> 나의 모든 것이 죽지는 않을 것이다. 나의 많은 부분이
> 저승사자를 피할 것이다. ─「송가」, 3. 30

바로 이어지는 대목에서 분명하게 밝히겠지만, 후대에 특히

르네상스와 근대에 정립된 '고전'은 이런 생각을 통해서 탄생하였다. 한마디로, 죽음을 극복하는 수단으로 말이다.

이 대목에서 한 가지 분명하게 밝혀둘 것이 있다. 그것은 다름 아닌, 비록 투키디데스, 핀다로스 그리고 호라티우스 같은 작가들이 자신의 작품을 위대한 보물로 간주하는 생각이 곧바로 '고전'으로 연결된 것은 아니었다는 점이다. 왜냐하면, '고전'이라는 개념은, 작품에 대한 작가의 생각이 아니라 작품들이 아동과 청년들의 교육과 연결되는 과정에서 만들어진 이념이었기 때문이었다. 그 과정은 대체로 다음과 같다.

'classis(고전)'라는 말은 본시는 군사 전문 용어였다. 해군의 선단(船團)을 조직할 때 배의 규모와 역할에 따라 배들을 배치하는 데 사용하던 개념이었다. 그러니까, 처음부터 책의 등급을 매기는 데 사용된 말은 아니었다. 이른바 책의 등급을 매김에 있어서 'classis'라는 말이 사용되게 된 사연은 이렇다. 이 말이 처음 등장하는 문헌은 키케로(Cicero, 기원전 106~기원전 43)의 『아카데미카(Academica)』다.

> 내 눈에는 그 사람과 비교하면 저들은 다섯 번째 등급(classis)
> 에 위치하는 선단에 해당한다.[1] - 『아카데미카』, 제2권 73장

1 qui mihi cum illo collati quintae classis.

인용에서, '내 눈'의 소유자는 키케로이고 '그 사람'은 데모크리토스(Democritos, 기원전 460?~기원전 370?)이고, '저들'은 스토아학파에 속하는 일련의 수준 낮은 철학 교사들을 가리킨다. 고급의 철학자와 저급의 철학자들에 대한 '등급'을 매기고 있다는 점에서, 인용은 근대 이후의 학자들이 '고전이란 무엇인가'를 정의내릴 때마다 항상 언급된다. 이런 이유에서, 인용은 고전의 정의를 내리는 과정에서 항상 불려 나오는 전고(典故, locus classicus)로 자리 잡는다. 이렇게 된 데에는 두 가지 사연이 있다. 한편으로, 키케로의 문헌들이 많이 살아남아 전승되었고, 특히 인문학(studia humanitatis) 교육의 부활과 관련해서 키케로의 생각이 큰 영향력을 행사했기 때문이다. 다른 한편으로, 'classicus'라는 형용사가 신분을 구분하는 단어로 사용되었는데, 이런 구분이 작품들을 분류하는 것으로 확장되었기 때문이다. 그런데 서양 고전에서는 작가의 이름이 작품 대신 사용되었다는 점도 지적하고자 한다. 그러니까, 키케로의 저 언명에서 데모크리토스라는 이름은 데모크리토스의 작품들의 환칭일 것이고, 그렇다면 학자 혹은 작가를 'classis'라는 개념으로 구분하는 키케로의 생각이 르네상스 이후의 책에 대한 등급을 나누는 개념으로 확장되었을 것이다. 결론적으로 이런 의미 확장을 통해서 'classicus'라는 형용사는 르네상스 시대 이후에 '고전(liber classicus)'이라는 개념의 술어로 자리 잡는다.

학자들의 등급, 책의 등급

하지만 이미 앞에서 살펴었듯이 키케로가 사용했던 'classis'는 학자들의 등급을 매기는 표현이지 책의 등급을 구분하는 개념은 아니었다. 오히려 책의 등급을 매긴 개념은 'ordo(위계)'였다 (『수사학 교육(Institutiones Oratoriae)』 제10권 1장 85절). 이 개념에 따라 문학·역사·철학 각 분야 최고의 작가들과 작품들의 등급을 나눈 학자는 퀸틸리아누스(Quintilianus, 35~95)였다.

그런데 'ordo' 개념도, 'classis' 개념과 마찬가지로, 원래는 사회적인 신분을 구분할 때 사용되던 말이었다. 이런 까닭에, 사회적 신분 체제에 빗대어 책의 등급을 매기려 했던 퀸틸리아누스의 시도는 어쩌면 처음부터 문제가 있었을지도 모르겠다. 사실 어떤 책이 어떤 가치를 담고 있는지에 대해서는 그 어느 누구도 섣불리 단정할 수 없기 때문이다. 이런 사정 때문일까? 책에 대한 퀸틸리아누스식의 등급 매기기는 후대의 학자들에게는 그다지 큰 주목을 받지는 못했다.

그러다가 이른바 책에 대한 등급을 매기려는 시도가 다시 눈에 띄기 시작하는 때는 18세기였다. 1768년에 출판된 서양 고전 문헌학자 룬켄(D. Ruhnken, 1723~1798)의 『그리스 연설가들에 비판적인 고찰』에서 '카논(canon)'이란 표현이 등장하기 때문이다. 원래 '카논'은 그리스어로 규범을 뜻하는데, 룬켄은 이를 모범으로 따라야 할 대상 정도의 의미로 사용했고, 이를 책의 등급

매기기에도 적용했다. 하지만 고전을 지칭하는 명칭 경쟁에서 'canon'은 'classis'에서 파생한 'classicus'라는 말에 밀리고 만다. '고전'을 통칭하는 전문 용어로 'liber classicus'가 사용되고 있기 때문이다.

세속적이지만 무시해서는 안 되는 책

그런데 'liber classicus'가 'canon'이라는 말 대신에 고전을 통칭하는 과정에서 언급해야 할 역사적 사실이 하나 있다. 다름 아닌, 유교 경전인 『논어』, 『대학』, 『중용』에 대한 라틴어 번역서를 편집한 17세기 예수회 신부 쿠플레(Philippe Couplet, 1624~1692)가 번역한 『중국인 철학자 공자』의 서문에서 동양 고전인 사서오경(四書五經)을 'classicus'라고 규정했다는 사실이 바로 그것이다. 전거는 다음과 같다.

> 그들의 책들은 오경(五經)과 사서(四書)로 이루어져 있다. (중략) 단적으로 우리의 'classicus(고전)'라는 환칭(換稱)에 해당할 것이다. ―『중국인 철학자 공자』, 제6장 '고전의 주석가들에 대하여'

인용에서 주목해야 할 점은 크게 두 가지다. 먼저, 쿠플레가 장(章)의 제목에 고전을 가리키는 'Librorum Classicorum(고전의)'이라는 표현을 명시적으로 사용한다는 점이다. 그런데 쿠플레는 바로 이어지는 동양의 학문과 책들 가운데에서 사서오경이 차지하고 있는 위상을 설명하는 자리에서 'classicus(일급의)'라는 말이 원래는 비유이고, 이 비유가 '환칭(換稱, per antonomasiam)'이라는 점을 강조한다. 이와 같은 사실을 놓고 볼 때에 'classi-cus'라는 표현이 고전을 지칭하는 전문 용어(terminus technicus)로 사용되기 시작한 것은 적어도 17세기 이후였을 것이다. 그러니까 제목의 'classicus'라는 표현이 고전을 지칭하는 전문 용어로 굳건하게 자리 잡았다면 굳이 'classicus는 환칭이다'라는 설명을 부연할 필요가 전혀 없었기 때문이다. 아마도 이와 같은 비유 과정을 통해서 'liber classicus'가 고전을 지칭하는 전문 용어로 자리 잡았을 것이다. 그렇다면 이 과정에서 『중국인 철학자 공자』와 같은 텍스트도 한몫 거들었을 가능성도 없지는 않을 것이다. 물론 이와 관련해서는 계몽주의 시대에 활약한 서양 고전학자들의 문헌들을 샅샅이 조사해볼 필요가 있다. 하지만 어쨌든, 이에 대한 보고를 서양 고전 문헌학의 연구사에서는 아직까지 접해보지 못했다.

두 번째로, 쿠플레에게 'liber classicus'는 세속의 책이지만 무시해서는 안 되는 책 정도를 의미했다는 점이다. 이와 관련해서 서양 역사에서 'canon'이라는 표현은 본래 기독교의 '성스러운 문서' 혹은 '성경'을 지칭하는 명칭이었다. 전거는 아우구스티누스의 『그리스도인의 교양(De doctrina christiana)』 제4권이다.

『성서』의 저자들의 텍스트들은 신의 영감에 의해서 기록된 것들이다. 이런 이유에서 가장 안전하다는 권위를 얻어서 규범-정전(正典)으로 인정받고 있다. 이 대목에서 아마도 이렇게 물을 사람이 있을지도 모르겠다. 이 정전들의 저자들이 단지 현자일지 아니면 언변 능력도 겸비한 자들인지를 말이다. 이 물음은 적어도 나에게는 혹은 나의 말에 동조하는 사람에게는 아주 쉽게 해명될 것이라고 본다. 적어도 내가 이해하는 한에서, 그들보다 더 현명할 뿐만 아니라 그들보다 능변에 더 뛰어난 이들이 없기 때문이다. 저들이 말하는 바를 올바로 이해한 사람이라면 저들이 달리는 어찌 말할 수 없었을 것이라는 사실을 파악할 것이라고 감히 말하고자 한다. ─『그리스도인의 교양』, 제4권 제6장 9절

인용에 근거해서, 단적으로 나는 서양인의 의식에는 정전(正典)과 고전(古典)이 구분되어 있었음을 강조하고자 한다. 적어도 기독교의 역사 전통에서는 그랬을 것이다. 사정이 이와 같다면, 근대 이후의 서양 고전 문헌학자들 사이에서 서양 고전을 지칭하는 용어로 룬켄의 제안한 'canon'이 아닌 'liber classicus'가 채택되게 된 이유가 여기에서 해명될 것이다. 또한 동양 고전을 'liber classicus'로 옮기게 된 쿠플레의 사연도 어쩌면 이 대목에서 보다 뚜렷하게 드러날 것이다. 적어도 그에게 사서오경은 고전이지, 『성경』과 같은 정전은 아니었기 때문이다. 물론 동양의 관

점에서 보면, 쿠플레의 이런 시선이 그리 유쾌한 것은 아닐 것이다. 하지만 근대의 서양 고전학자들이 생각한 '고전'의 개념은, 어쨌든 이른바 '정전'과 대비될 때 보다 선명하게 드러난다 하겠다.

2. 인문학(humanitas)! 그 슬픈 탄생

'후마니타스(humanitas)'라는 용어의 유래에 대해서 많은 사람들이 묻는다. 인문학을 지칭하는 영어의 'humanities' 혹은 사람 사랑을 지칭하는 'humanity' 혹은 인문주의를 가리키는 'humanism'이 이 말과 관련이 깊기에 나오는 물음일 것이다. 어원적으로 보면, 이 말을 처음 만들어 유포시킨 사람은 키케로다. 아마도 최초의 전거는 그의 시 「아르키아스 변론(Pro Archia)」에서 발견되고, 이른바 하나의 학제적 학문의 개념으로 인문학(studia humanitatis)이 사용된 문헌은 그의 대표작인 『연설가에 대하여(De Oratore)』이다. 하지만 'humanitas'가 제도적 학제 개념으로서 교육을 지칭하는 용어로 사용된 것은 르네상스 시대 이후이다. 왜냐하면, 키케로가 기획했던 'humanitas' 교육은 공화정의 몰락과 함께 정치적 존립 근거를 상실해버렸기 때문이다. 이 점에서 'studia humanitas'가 인문 교육을 지칭하는 전문 용어로 자리를 잡은 것은 온전하게 르네상스 인문주의자들의 공로이다.

요사이 자행되고 있는 인문대학의 구조 조정과 관련해서 많은 이야기가 오고 가는 중에 한국에서도 humanitas라는 말이 다시 인구에 회자되고 있다. 예컨대, 서장원의 시론(「후마니타스와 리버럴 아츠」, 한겨레 신문, 2015. 5. 25.)을 들 수 있다. 시론의 내용인즉, 한마디로 인문학은 중요하다는 얘기다. 그런데 과연 이런 종류의 시론으로 인문학에 닥쳐온 험난한 파고를 막아낼 수 있을까? 이에 대한 답은 간단하다. 미안하지만, "없다"이다. 이에 대한 해명은 인문학과 그 적들 사이에 벌어진 싸움의 역사에서 잘 드러난다.

최초의 싸움이자 가장 오랜된 싸움은 무식함(inscientia)과의 전쟁일 것이다. 두 번째 오래된 싸움은 이른바 인문학 무용론과의 전쟁일 것이다. 이 또한 결코 무시할 수 없는 전쟁이다. 밥과 일을 제공하는 것(necessitas)과는 원래부터 거리가 먼 것이 인문학이기 때문이다. 세 번째의 강력한 싸움은 엄밀한 과학주의(veritas)와의 전쟁일 것이다. 이른바 참이 아닌 그럴듯함(verisimile)도 허용하는 것이 인문학이기 때문이다. 다섯 번째의 피할 수 없는 전쟁은 믿음 세계와의 경쟁(divinitas)이다. 마지막은 욕망과의 전쟁이다. 요즈음은 자본 혹은 돈(pecunitas)의 옷을 입고 발호하는 욕망과의 긴장도 결코 무시하지 못할 다툼일 것이다.

이상이 인문학과 그 적들이다. 어느 것 하나 만만한 적이 없다. 아닌 게 아니라 이는 역사를 살펴보면 더욱 분명하게 그렇다는 사실이 드러난다. 단적으로, 철학적으로 본질주의를 표방하면서 진리 추구를 삶의 중심 노선으로 삼고 있는 이들에게 요컨대 문학과 역사와 수사학은 처음부터 과학의 노선(scientia)에 편입되어서는 안 되는 것들이었다. 인문학의 슬픈 운명은 중세 1,000년 동안 별반 달라진 것이 없었다. 인문학이 신학의 시종 노릇을 하면서 연명했다는 사실은 굳이 입증할 필요가 없을 것이다. 인문학이 잠깐 빛을 발한 적이 아마도 르네상스 시기일 것이다. 미안하지만, 이는 잠깐 누렸던 호사였을 것이다. 곧바로 이른바 과학-지상주의(scientissmus)와 실용-전제주의(pragma-despostism)가 인문학을 엄습했고, 이는 근세 이후 대학의 주도권과 지배권을 행사하는 학문 영역이 돈이 많이 흘러들어 오는 실용 학과들이라는 데에서 쉽게 확인할 수 있다. 하긴 배가 고픈데, 맛과 멋이 무슨 힘을 쓸 수 있을까? 아마도 인문학이 제도권에서 퇴출되고 있다는 점에 대해서는 그 어느 누구도 부인하지 못할 것이다. '슬픈 인문학(humanitas tristis)'의 시대인 셈이다. 혹자는 말한다. 지금이 '인문학' 열풍의 시대가 아니냐고. 미안하지만, 그 열풍은 슬픈 인문학의 시대의 허망한 바람에 불과하다는 점을 미리 지적하면서, 인문학이 그 자체가 슬픈 운명의 무엇일 수밖에 없는 태생적 한계를 이야기하고자 한다.

인문 교육은 원래 그리스에서 시작되었다. 이른바 자유 교양 시민의 양성을 목표로 하는 그리스의 파이데이아(paideia)라는 교육제도가 그것이었다. 이 교육제도의 기본 과목은 문법학, 논리학, 수사학 같은 학문들이었다. 이 학문들은 기본적으로 기능적인 성격이 강한 기술들이고, 결정적으로 도구라는 측면에서 가치중립적이었다. 따라서 이 기술들은 사용하는 사람의 의도와 욕심에 따라서 얼마든지 왜곡되어 사용될 수 있다. 기술의 이러한 기능적 성격에 대해서 가장 비판적인 태도를 취한 사람이 플라톤(기원전 427~기원전 347)이다. 그는 심지어 수사학의 경우, 해당 기술이나 학문 자체에 대해서 비판적인 태도를 견지했다. 물론 그의 강경한 비판에 대해 아리스토텔레스(기원전 384~기원전 321)는 기술(techne)이라는 개념을 가지고 수사학을 방어하고자 시도했지만, 좋음의 이데아 철학에 기초한 플라톤의 근본적인 비판을 견디어낼 수 있는지는 의문이다. 기술이 가지고 있는 기능적인 성격과 가치중립적인 특성은 어찌 되었든 윤리-도덕적으로 약점을 자체적으로 노정하고 있기 때문이다. 이와 같은 난제에 부딪혀서 키케로가 내놓은 해결책은 이렇다. 그러니까 문제는 기술이 아니라 그 기술을 사용하는 사람이라는 것이다.

로마의 교육 방식과 관련해서 당시 아테네의 학교를 모방해서 세운 로마의 학교교육을 잠시 살펴볼 필요가 있을 것이다. 로마에서 학교교육을 담당한 교사들은 대부분이 그리스에서 붙잡혀 온 노예 출신 학자들이다. 그들은 엄격하고 체계적인 문법 교육을 강조하였다. 특히 그리스어라는 외국어를 배워야 하는 교육 특성과 라틴어를 어긋나지 않게 말하고 쓰도록 엄격하게 가르쳤던 문법 교육의 특성 때문에 로마의 교육 방식은 기능적이면서 이른바 전문 체계를 강조하는 방식으로 진행되었다.

하지만 이와 같은 교육 방식으로 진행된 로마의 교육은 엄밀하게 자유 교양 교육을 지향했던 그리스의 파이데이아 교육 이념과도 거리가 먼 것이었다. 이러한 이념은 사실 돈과 생존을 위해서 교육에 종사하였던 그리스계 노예 출신 문법 교사들에게서는 기대하기 어려운 일이었다. 이와 같은 상황은 문법의 발전에 있어서는 의미 있는 대목이라 하겠으나 교육의 측면에서 보면 뭔가 문제가 있는 대목이라 하겠다. 이는 실제로 오늘날 한국의 사설 학원의 상황과 유사하다. 결론적으로 키케로는, 한편으로 기술적인 측면만이 부각된 로마 학교교육의 현실과 다른 한편으로 기술 자체가 가지고 있는 약점을 극복하기 위해서, 기술이 아닌 사람을 중심으로 하는 말인 'humanitas(인문학)'라는 개념을 만들어낸 것으로 보인다. 이는 키케로의 교육 이념에서 확인된다. 그것은 '사람답게 사는 법(humaniter vivere)'을 어떻게 가르칠 것인가였다. 그의 최대 관심사는 인간과 인간 사이에서 벌어지는 사건이고 '인간답게 사는 것과 그 방법'이었기 때문이다. 이는 그의 주장에서 여실히 확인된다.

> 인간을 인간답게 해주는 목적(quae ad humanitatem pertinent)에 봉사하는 모든 학문은 서로가 서로를 묶는 연결 고리를 가지고 있고, 마치 혈연에 의해 연결된 것인 양, 상호 결속되어 있다.
> – 『아르키아스 변론』, 제2장

키케로가 학문들이 섬겨야 할 주군(主君)의 자리에 진리(veritas)가 아니라 '사람됨(humanitas)'을 놓고 있다는 사실에 눈길이 간다. 순수한 의미에서 인간이 중심에 서 있는, 그리고 사람을 기르는 학문으로서의 인문학(humanitas)이 등장하고 있는 셈이다. 사람을 기르는 교육으로서의 인문학에 대한 키케로의 생각은 다음과 같다.

> 한편 제대로 된 공부와 기술을 통해서 미리 가꾸어지고 갖추어져서 일종의 덕으로 행동을 위해 마음 안에 자리 잡고 있는 어떤 습관들이 있다. 사적인 영역에서는 문(법)학, 산수, 음악, 기하학, 천문학, 기마술, 사냥술, 무기 다루는 법을 그 예로 들 수 있다. 공적인 영역에서는 특히 덕을 키우거나 신을 섬기거나 부모를 모시거나 친구를 위하거나 우선적으로 그리고 각별하게 대접해야 할 손님에 대한 예와 연관된 노력과 공부가 아주 중요한 예이다. ─『수사학』, 제80장

인용에서 읽을 수 있듯이, 키케로는 인간이면 갖추어야 할 기초 교양으로서 문법학, 산수, 음악, 천문학, 기마술, 사냥술 등에 대해서 언급하는 동시에 사람 노릇 하는 법에 대해서, 즉 '사람됨'에 대해서 논의하고 있다. 부모, 신, 친구에게 어떤 인간이 되어야 하는지를 수양해야 한다고 강조하고 있는데, 이는 한편으로 교육 프로그램의 구체적인 학과목에 대해서, 다른 한편으로

인문학이 지향해야 할 목적에 대해서 언급하고 있는 셈이다. 키케로는 기술이 아닌 인간 중심의 교육을 기획했고, 인간을 교육하기 위해서 인간성을 탐구했으며, 사람답게 사는 법에 대한 치열한 반성과 고민을 했다.

과연 앞에서 자세히 밝힌 바와 같은 방식으로 체계화를 거친 이른바 인문학의 분과 학문들에 대한, 예를 들면 문법학, 논리학, 수사학과 같은 개별 학문들에 대한 학문 체계를 가르치고 배운다고 해서, 과연 인문학의 교육이 충실하고 풍부해질 수 있는지를 말이다. 사실 이 물음을 로마에서 처음으로 제기했던 사람이 안토니우스(Antonius, 기원전 143~기원전 87)였다. 그런데 안토니우스의 이러한 입장은, 키케로에게 의미 있는 문제 제기가 아닐 수 없었을 것이다. 왜냐하면 아는 것과 아는 것을 실천하는 것은 다른 문제일 수 있기 때문이다. 또한 근본적으로 문법학, 수사학, 논리학이 학교에서 가르쳐야 하는 교육 내용이라 할 때에, 이 지식들이 대개는 도구적 혹은 기능적 성격이 강한 앎이지, '인간에 대한 이해'를 직접적으로 다루는 내용들로 구성된 학문 체계가 아니었기에 말이다. 이 물음에 대해서 아주 간단명료한, 그래서 누구나 실천할 수 있는 답을 제시한 사람이 바로 키케로였다. 그러니까 기능적 지식의 습득이 가지고 있는 교육의 한계를 근본적으로 보완해주는 방법으로 키케로는 책 읽기를 제안하기 때문이다. 이에 대한 키케로의 이야기를 들어보자.

무릇 모든 책들은 모범 사례(模範事例)로, 현인들의 목소리는 규범 전례(規範典例)로, 옛 역사는 전범 선례(典範先例)로 가득 차 있는 것입니다. 만약 문자의 빛이 더해지지 않았다면, 이 모든 모범들은 어둠 속에 묻히고 말았을 것입니다. 그리스와 로마의 작가들은 가장 용감했던 이들을, 경탄뿐만 아니라 본받음의 대상이 되도록 얼마나 많은 모범 인물들에 대해 저술해 〔우리에게〕 전해주고 있습니까? 내가 국가를 이끌어나갈 때, 나의 마음과 정신을 이끌어주고 지켜준 것은 이 위대한 분들에 대한 생각 바로 그것이었습니다. 나는 이분들을 항상 마음의 첫자리에 모셔두곤 했습니다. - 『아르키아스 변론』, 제14장

인용에서 살폈듯이, 키케로는 자신의 삶을 이끈 것은 문법학, 수사학, 논리학의 구체적인 지식이 아니라 실은 책이었다고 주장한다. 이 대목에서 우리는 서구의 인문 교육의 중요한 방법론 가운데에 하나가 책 읽기임을 확인하게 된다. 이는, 키케로가 저술과 번역 작업에 헌신했던 이유와도 직결되는데, 아마도 그 자신이 책 읽기의 최대 수혜자였기 때문일 것이다. "신체의 고통과 죽음과 추방의 위험까지도 대수롭지 않게" 보도록 만든 힘의 원천이 문법학, 수사학, 논리학의 구체적인 지식이 아니라 실은 책 읽기였기에 말이다. 그런데 이 험난한 시대에 고작 책 읽기라니. 인문학은 처음부터 슬픈 운명을 타고날 수밖에 없었다.

3. 학교는 원래 돈과 경쟁의 싸움터였다

과연 진리 탐구를 위해서였을까? 맹자의 어머니가 아들을 위해 세 번 이사한 것이. 내 생각에, 맹자 어머니의 마음이나 대치동 엄마들의 마음이나 별반 차이가 없을 것이다. 사실, 교육에는 두 가지 길이 있다. 하나는 진리와 연구로 향하는, 그래서 인적이 드문 길이고, 다른 하나는 출세와 성공으로 향하는 반질반질한 길이다. 교육 시장이 지금도 활황인 것은 아마도 후자 덕분일 것이고, 또한 그 후자 덕분에 형성된 자투리 돈으로 가끔 맹자와 같은 이들이 가는 인적이 드문 길도 형성되었을 것이다. 이런 까닭에 인적이 드문 길을 가는 이들은 반질반질한 길을 가는 이들에게 오히려 감사해야 할 것이다. 교육의 진짜 친한 친구가 진리가 아니라 돈과 경쟁이라는 점을 잘 보여주는 곳이 실은 로마였다. 오늘날 한국의 학교교육을 좌우하는 힘이 진리가 아니듯이 말이다. 로마의 역사가 수에토니우스(Gaius Suetonius Tranqui-llus, 69?~130?)의 보고가 그 전거다.

플라쿠스는 해방 노예의 후예로 특히 강의 방식으로 명성을 휘날렸다. 학생들의 재능을 훈련시키기 위해서 경쟁을 도입했는데, 학생들로 하여금 글을 작성하도록 주제를 미리 제시하였을 뿐만 아니라 상품을 걸어 우승자가 가져가도록 했다고 한다. 상품은 어떤 미장(美裝)의 희귀 고서였다. 이런 명성 덕분에 아우구스투스는 그를 손자들의 선생으로 삼았다. 그러자 그는 학교 전체를 팔라티움 언덕으로 이사했다. 하지만 그 이후 더 이상 다른 학생들은 받지 못했다. 당시에는 팔라티움의 일부였던 카툴루스의 집 안마당에서 강의가 이루어졌고, 강의료는 연간 10만 세스테르티우스를 받았다. 세월이 준 인생의 몫을 다 채우고 티베리우스 황제 때에 세상을 하직했다.
– 『로마의 문법학자들』, 제19장

플라쿠스(Marcus Verrius Flaccus, 기원전 55~기원전 20)는 로마 최고의 지성인이었던 바로(Marcus Terentius Varro, 기원전 116~기원전 27)에 비견되는 학자지만, 어쨌든 오늘날 학생들을 가장 괴롭히는 시험에 해당하는 경쟁을 교실에 도입한 인물이다. 어쩌면 학교의 원래 의미인 놀이터(ludus)를 싸움터(pugnum)로 바꾸어놓은 원흉인 셈이다. 하지만 이 시기의 경쟁은 오늘날 한국처럼 살벌하지는 않았다. 이에 해당하는 그리스어가 '아가테 에리스(agathe eris)'인데, 이는 '선의의 경쟁'을 뜻하기 때문이다. 플라쿠스가 처음 도입한 경쟁에 입각한 강의 방식은 전통적인 그것과는 근본적으로 달랐다.

교육에 '경쟁'을 도입하다

전통적인 방식은 대체로 이렇다. 교사가 먼저 텍스트를 소리 내어 읽으면(praelectio), 학생들은 이를 따라 읽는다(lectio). 이어 교사가 읽은 내용을 서판(tabula, 밀랍을 나무판 위에 씌운 판)에 받아 적고(dictatio), 이를 암송하는 것(recitatio)으로 마무리된다. 옛날 우리네 서당에서 행해진 방식과도 흡사하다.

이에 반해 플라쿠스는 텍스트와 관련된 어떤 주제를 제시하고, 그 주제에 대한 글을 지어 발표하게 했으며, 그 발표에 대한 토론으로 강의를 마무리했다. 그러니까 전통적인 강의의 요체가 텍스트 내용의 정확한 전달이었다면, 플라쿠스가 도입한 방식은 학생들에게 자신들의 의견을 표현하도록 유도하는 것이었다. 그런데 그가 여기에서 멈추지 않고 글을 잘 쓴 사람에게는 상과 상품을 주어 경쟁을 유도했다는 것도 주목거리다. 이렇게 플라쿠스에 의해서 도입된 경쟁 체제는 로마의 학교에서 널리 확산됐는데, 그 전거는 퀸틸리아누스의 보고에서 찾을 수 있다.

게다가 집에서 혼자 배울 수 있는 것들이 학교에서 다른 사람들에게 가르쳐질 수 있다. 그는 매일 많은 검사와 많은 교정을 받을 것이다. 다른 이의 야단맞은 게으름과 칭찬받은 부지런함이 도움이 될 것이다. 경쟁은 칭찬에 의해서 자극될 것이고, 그는 동료들에게 지는 것을 수치로 여길 것이다. 더 잘하는 이를 능가함을 가장 좋은 일로 간주할 것이다. 이와 같은 모든 것들이 정신을 불붙인다. 야심은 그 자체론 악덕이긴 하지만, 그럼에도 자주 좋은 능력을 획득하는 데에 원인이 된다. 스승들도 나의 버릇들을 살펴주었고, 이는 나에게도 유익했다. 학생들을 반에다 배치했을 때, 그들은 재능의 탁월함에 따라 말하는 순서가 부여되었고, 성취가 뛰어난 이가 있으면, 그의 능력이 우수한 것으로 보이도록 그 사람이 가장 높은 자리에서 연설하도록 했는데, 이에 대한 평가도 뒤따랐다 - 『수사학 교육』, 제1권 2장 22절

아무튼, 경쟁 결과에 따라 학생들의 성적을 매겼다는 대목에 눈길이 간다. 일종의 시험에서 이긴 이는 상품도 받았다. 그런데 인용에 의하면, 플라쿠스가 강의료로 1년에 받은 돈이 10만 세스테르티우스였다 한다. 이 강의료는 로마 공화정 말기의 거부(巨富)였던 크라수스가 소유했던 부동산의 시가가 200만 세스테르티우스라는 점을 감안할 때, 어마어마한 액수인 셈이다. 그러니까 학생이 20명만 모이면 당시 로마에서 최대 부호였던 크라수스의 부동산을 모두 구입할 수 있을 정도였으니 말이다.

각설하고, 두 가지 사항만 언급하겠다. 먼저 학교교육이 이제

단순한 교육 활동이 아닌, 큰 부를 축적할 수 있는 사업으로 변하고 있다는 사실이 그것이다. 로마에서 학교 혹은 학원이 하나의 비즈니스로 성행하게 된 배경에는 경제적 이득이 중요한 동기로 작용했기 때문이다. 어쨌든 로마에서 교육이 초기에는 그리스 출신 노예들에게 자유민이 되는 길을 제공했다면, 이제는 부와 명예를 제공하는 기회의 장으로 변하고 있음을 보여준다 하겠다. 어쩌면 이것이 로마의 교육 시장에서 경쟁 논리가 전방위적으로 확산하게 된 계기였을 것이다.

이는 강의 방식의 변화에서도 잘 드러난다. 변화의 핵심은 강의에 경쟁(aemulatio) 도입이었다. 이는 나중에 로마 학급의 구성 편제에도 영향을 준다. 로마의 학교에서 원래 한 학급의 구성은 나이의 구분을 따랐다. 그런데 이른바 능력에 따른 우열반이 나중에 도입되었기 때문이다. 아마도 이러한 학급 구성 방식은 플라쿠스의 경쟁 방식에서 연원했을 것이다.

좌우지간, '어느 학교 혹은 어느 학원이 좋다'는 평에 따라서 학교와 학원의 성패가 갈렸는데, 이런 이유에서 학교와 학원은 각기 생존과 성공을 위해서 무한 경쟁을 벌여야 했고, 이를 위해 보다 좋은 교육 프로그램을 개발하지 않으면 안 되었다. 이런 경쟁 과정 덕분에 교육은 이제 로마에서 하나의 중요한 사업으로 자리 잡게 된다.

흥미로운 점은, 만약 교육이 로마에서 돈벌이가 되는, 아니 사업적으로도 이른바 '메리트가 있는 비즈니스'였다면, 왜 로마인들이 그리스 출신 노예들이 꽉 잡고 있었던 교육 사업에 참여하지 않았는가일 것이다. 두 가지 가능성이 있다. 하나는 로마인이 교육에 참여하기에는 아직 그들의 학문 수준이 낮아서일 것이다. 일단 책이 있어야 하는데, 책들이 모두 그리스어로 쓰여 있었다. 다른 한 가능성은 당대 로마 지식인 혹은 지배층의 교육 참여에 대한 인식이 한 원인으로 작용했을 가능성이 높다. 그러니까 아이들 교육은 노예들이나 하는 짓 정도로 낮추어 보는 시선이 그들로 하여금 교육에 참여하는 것을 막았을 가능성이 높다.

사정이 이러함에도, 이 대목에서 주목해야 할 점은 교육에 대한 로마인의 인식 변화일 것이다. 10만 세스테르티우스라는 거액을 주고 자식을 교육하고자 하는 배경에는 이제 지식과 학문, 그러니까 앎이 정치적 출세와 사회적 성공과 삶의 질을 결정한다는 사회적 변화와 이에 대한 인식의 전환이 결정적으로 작용했기 때문이다. 숱한 외전과 내란의 와중에서 성공했던 사람들은 무예와 병법에 뛰어난 장군들이었다. 그러나 전쟁이 끝나고, 원로원과 민회를 중심으로 공동의 일과 공동의 재산이 공동의 참여를 통해서 처리되고 운용되는 공화정과 이른바 '민주주의'의 원리와 방식에 입각해서 로마 사회가 작동할 때에는 사회적으로 성공하는 사람들은 주로 설득력을 갖춘, 말 잘하는 사람들이었다.

머릿속에 없으면 입으로 나오는 것도 없다

이런 사회 변화가 아마도 로마인들의 가슴에 교육 열풍, 아니 광풍을 불어넣었을 것이다. 왜냐하면 말을 잘하려면 기본적으로 '머릿속에 들어 있는 게 있어야 입으로 나오는 것도 좋다'는, 따라서 배워야 한다는 생각이 그들을 설득했을 것이기 때문이다.

이런 사회 변화에 기초해서 로마에서 교육은 흥행에 흥행을 거듭했다. 결론적으로 강의료 10만 세스테르티우스라는 거액은 로마 역사에서 상징적인데, 전통적으로 상무(尙武) 정신과 실질을 중시하는 로마의 인식과 가치가 그리스의 자유정신과 인문학에 의해서 변화하고 있음을 보여주는 중요한 사례라 하겠다. 이렇게 거시적인 관점에서 보면, 돈과 경쟁도 가끔은 좋은 일을 한다.

지금까지의 이야기는 우리에게도 크게 낯설지 않을 것이다. 오늘날 한국의 교육 시장을 생각한다면 말이다. 단, 옛날 로마의 교육 시장과 지금 한국의 교육 시장 사이에는 근본적인 차이점이 하나 있다. 물론, 교육 시장이 돈과 경쟁에 의해 출렁였다는 점은 로마나 한국이나 매한가지다.

하지만 학교와 학원의 우열을 결정하는 기준이 근본적으로 다르다. 한국의 경우 그 기준은 교실에서 치르는 시험 성적이다. 오지선다든 사지선다든 "다음 중 아닌 것은?" 따위의 문제에 대한 정답을 잘 고르는 것이 결정적인 기술이고, 이를 잘 훈련시키는 것이 학교 혹은 학원의 경쟁력에 숨은 비전이다. 반면에 옛날 로마의 경우 그 기준은 누가 좋은 책을 많이 읽히고 잘 가르치는가였고, 이를 위한 강의 방식 개발을 놓고서 경쟁이 벌어졌다.

물론 앞에서 이야기했듯이 로마에도 시험이 없었던 것은 아니다. 하지만 로마인에게 진짜 시험은 학교 교실이 아닌, 진짜 실력이 요구되는 삶의 시험장인 로마의 광장(Forum)에서 치러야 하는 진검승부였다. 로마의 포룸은 원래 이런 곳이다. 한마디로 성적이 아닌 실력으로 검증받는 곳이다. 머리에 든 게 없으면 입에서 나오는 게 없는 것은 당연한 사실이다. 그 결과는 종종 살벌한 것으로 이어진다. 법정에서 패소로, 선거에서는 패배로, 때로는 죽음으로 이어진다. 이렇게 진짜 살벌한 곳이 포룸이었다. 시험 '스킬' 따위의 비전은, 성적 따위의 '스펙'은 전혀 통하지 않는 곳이었다. 진짜 실력이 요구되는 공간이 포룸이었다. 그런데 로마인들이 이 포룸에서 살아남는 비전이라 해서 경쟁적으로 개발했던 게 고작 많이 읽고, 많이 쓰며, 자주 발표하고, 깊게 토론하는 것이라는 점에 실망할 독자도 있겠다. 하지만 실은 이것이 공부의 실제였다. 이게 다였다. 이런 이유에서 어쩌면 반질반질한 길이 더 위험한 곳이었다. 한적한 길에서의 승부는 대개는 창피함을 당하는 것으로 끝나기 때문이었다. 반질반질한 길에서의 경쟁은 심지어 목숨까지 걸어야 하는 것이 비일비재했으니까 말이다. 이것이 로마인들이 교육에 그토록 많은 돈을 지불한 이유였다. 물론 가끔은 인적이 한적한 길에 큰돈을 투자한 이가 없었던 것도 아니었다. 그 한적한 길을 내는 데에 큰돈을 댄 것은 뭐니 뭐니 해도 실은 국가였다. 도서관을 짓고 학교를 세우며 극장을 만들어 운영하는 일은 국가의 일이었기 때문이다. 하지만 진리가 국가에 항상 협조적인 것은 아니었다. 그런 경우에 희한하게도 역사의 여신은 그 한적한 길에 투자하도록 몇몇 큰돈 가진 사람들을 부추기기도 했다. 그 덕분에 시장에서 경쟁력을 갖추지 못한 작품들도 많이 태어나게 되었는데, 이른바 '고전'이라 불리는 것들의 대부분이 그런 작품들이다.

그런데 여기부터가 새로운 반전일 것이다. 전혀 다른 방향으로 향하는 저 두 길이 서로가 서로를 필요로 하기 때문이다. 사연인즉 이렇다. 반질반질한 길을 가는 사람들이 억울하고 지치고 분노하며 외롭고 슬퍼할 때에 가끔은 소액이지만 돈을 지불하면서 저 한적한 길에서 태어난 것들로부터 위안과 비전과 힘을 사려 하기 때문이다. 아마도 이것이 한적한 길로 아직도 사람이 다니는 이유일 것이다.

4. 나는 누구인가

"도대체 이것은 무엇인가? 네 발, 두 발, 세 발인데, 하나의 이름을 가진 것은?" 답은 인간이다. 이를 푼 이는 오이디푸스다. 여기까지는 잘 알려진 이야기다. 하지만 이 사건이 지금도 인구에 회자되는 데에는 뭔가 남다른 사연이 숨어 있다. 이를 소개할까 한다. 우선, 주목해야 할 것이 하나 있다. 물음 방식이 그것이다. 얼핏 보기에 평범한 물음이다. '이것은 무엇인가'라는 방식으로 묻고 있기에. 하지만 이 평범한 물음 때문에 옛날 그리스의 테바이에 살았던 수많은 사람들이 희생당했고, 수많은 사람들이 재난을 겪어야 했다. 그런데 이 물음을 단칼에 해결한 이가 나타났는데 그가 바로 오이디푸스다. 그 공로로 그는 테바이의 왕좌에 오른다.

여기까지는 아무런 문제가 없어 보인다. 한데, 소포클레스(Sophocles, 기원전 497/5~기원전 406/5)의 비극 「오이디푸스 왕」에 따르면, 그다음 사연이 기가 막힌다. 어느 날 길거리에서 우연히 마주친 노인을 몽둥이로 쳐 죽이고 그 노인의 부인을 아내로 삼았는데, 그 노인이 자신의 아버지였고 그 부인이 실은 자신의 어머니였기 때문이다. 아마도, 여기에서 비극 작가 소포클레스의 통찰력이 돋보일지도 모르겠다. 어찌 보면 아무것도 아닌 것을 깊게 반성하도록 만들기 때문이다.

'이것은 무엇인가'는 학문의 기본

우선, 스핑크스가 '그는 누구인가'라 묻지 않고 '이것은 무엇인가'라고 묻는 것이 흥미롭다. 물론 물음 형식의 차이가 그다지 중요한 것이 아닐 수도 있겠다. 하지만 인류 지성사의 관점에서 보면, 이는 나름 중요한 의미를 품고 있다. '이것은 무엇인가'라는 물음 형식 자체가 사유의 중요한 한 형식이고 학문의 기본적인 방식이었기 때문이다.

이해를 돕기 위해, 잠시 부연하자. '이것은 무엇인가'의 고대 그리스어는 'ti esti'이다. 영어로 하면 'what is it?'이다. 그런데 이 물음은 그냥 질문이 아니다. 실은 플라톤이 서양 철학의 기본 모판을 짤 때에 사용했던 핵심 도구였기 때문이다. 그러니까 존재의 세계를 말(logos) 위에 세우려 할 때 '그것이 그것이'기 위해서는 일단 로고스의 시험을 거쳐야 하는데, 그 시험의 첫 번째 관문이 'ti esti'였기 때문이다.

이는 요컨대, '정의란 무엇인가', '용기란 무엇인가', '절제란 무엇인가', '덕이란 무엇인가', '사랑이란 무엇인가' 등의 물음에 대한 답을 찾는 과정의 대화가 플라톤의 초기 텍스트들에 담겨 있다는 점에서 쉽게 확인된다. 예컨대 '사랑이란 무엇인가'를 논하는 대화가 『뤼시스』 편이다. 어쨌든 플라톤은 'ti esti'라는 물음 형식을 통해서 인류 지성사에 말(logos)로 사물을 규정하는 방식을 선물했는데, 이것이 다름 아닌 '정의(definitio)' 내리는 형식이다.

하지만 이미 스핑크스의 수수께끼에서 보았듯이, 'ti esti'라는 물음 형식은 플라톤 이전부터 사유 혹은 학문의 중요한 한 방식이었다. 단적으로, 다름 아닌 자연학자들이 사물과 자연의 원리(arche)를 궁구할 때, 그들이 던진 '세계의 시초는 무엇인가'라는 물음도 근본적으로 'ti esti' 형식의 변용이었기 때문이다.

그렇다면 플라톤의 'ti esti'도 실은 자신의 독자적인 고안물이 아니라 이전부터 내려온 전통의 재활용인 셈이다. 하지만 그것은 단순한 재활용이 아니다. 인류의 사유 방식과 철학하는 길을 통째로 바꿔놓았기 때문이다. "서양 철학사는 플라톤의 주해사"라는 화이트헤드의 말도 근거 없는 소리는 아니다.

'나는 누구인가'에 대한 답을 찾는 게 인생

다시, 소포클레스로 돌아가자. 그도 'ti esti'를 재활용한 인물 가운데에 하나다. 하지만 플라톤과는 다른 방식으로 이 물음을 재활용했다. 그는 이렇게 물었다. '그는 누구인가?'로 말이다. 그리스어로는 'tis esti'이다. 차이는 's' 자 하나다. 하지만, 그 차이는 크다. 물론 「오이디푸스 왕」에서는 '범인은 누구인가'의 형식으로 표현되지만 이 물음은 결국은 '나는 누구인가'라는 물음으로 직결되기 때문이다.

흥미로운 점은, 플라톤이 인류에게 선물한 정의 내리는 형식으로는 이 물음에 대한 답을 찾기 어렵다는 것이다. 왜냐하면 플라톤의 물음은 이른바 누구나 인정할 수밖에 없는 보편적이고 객관적인 지식의 형태로 주어지는 답을 추구하기 때문이다. 하지만 소포클레스가 던진 물음은 개별적이고 주관적인 어떤 사태와, 그 사태를 둘러싸고 있는 특수하고 한 인간에게만 고유한 이야기의 형태로 풀 때에 답변이 가능한 물음이기 때문이다.

이런 점에서 소포클레스의 물음이 추적하려 했던 해답과, 플라톤의 물음이 찾으려고 시도했던 정답은 근본적으로 성격이 다르다 하겠다. 자신이 찾고자 하는 선왕의 살해자가 그 자신이고, 그런데 그 자신과 함께 살고 있는 여인이 자신의 어머니이고, 자신이 낳은 아들과 딸이 자신의 남동생과 여동생이라는 사실을 플라톤의 'ti esti' 형식으로 과연 알아낼 수 있을까? 어렵다. 이는 번뜩이는 지성의 활동, 더 정확하게 말하자면 머리 빠른 굴림을 통해서 답이 구해지는 물음이 아니었기 때문이다. 이는 더딘 견딤과 거친 겪음을 각오해야 하는 용기를 가진 자만이, 그러니까 삶의 고뇌를 무서워하지 않고 정면 돌파하려는 의지를 가진 자만이 답할 수 있는 물음이었기 때문이다. 소포클레스의 말이다.

> 오! 테바이 시민이여, 보라, 이분이 오이디푸스다.
> 저 유명한 수수께끼를 풀고 권세 당당했던 이를!
> 선망의 눈으로 그를 보지 않았던 자 과연 누구였던가!
> 보라! 이런 그가 얼마나 무서운 고뇌의 풍파에 휩쓸렸는지를!
> 우리의 눈이 그 마지막 날을 보기까지는
> 죽어야 할 인간일랑 그 어느 누구도 행복하다고 하지 말라.
> 삶의 종말을 지나 고통에서 해방될 때까지는.
> ―「오이디푸스 왕」, 제1525~1530행

나란 누구인가? 소포클레스에 따르면, 그것은 '무서운 고뇌의 풍파'를 거칠 때에나 답이 가능한 물음이다. 이런 점에서, 어쩌면 이는 학문적이든 아니든, 삶에서 만나게 되는 물음들 가운데에서 가장 무섭고 어려운 것일 터이다. 그도 그럴 것이, 그 답을 다른 사람이 대신 해주는 것이 아니기에 그럴 것이다. 이를테면, 플라톤의 물음 형식으로는 해명이 되지 않는 것이기 때문이다. 예컨대, 안티고네에게 오이디푸스는 아빠일까 아니면 오빠일까 등의 물음은 플라톤의 물음 형식으로는 풀 수 없는 난제이다. 이 점에서 'ti esti'에 대한 소포클레스의 재활용 방식은 매우 독특하다 하겠다.

단도직입적으로, 소포클레스의 '나는 누구인가'라는 물음은 도대체 답이 가능한 질문일까? 내 생각에 이에 대한 답은 양가적이다. 가능하기도 하고, 가능하지 않기도 하기 때문이다. 약간은 역설적이지만 먼저 '가능하지 않다'는 답부터 하자. 이에 대한 근거는 이렇다.

과연 '당신은 누구입니까?'라는 물음에 대해서 '나는 홍길동입니다'라는 식 이외에 또 다른 대답을 자신 있게 내놓을 수 있는 사람이 있을까? 있다면 과연 그는 누구일까. 아마도 그리 많지는 않을 것이다. 그렇다고 그런 사람이 아예 없다는 소리는 아니다. 가끔은 오이디푸스처럼, 삶의 고뇌에 정면 승부를 걸었던 사람들을 역사에서 만날 수 있기 때문이다. 하지만 일상의 삶의 현장에서 흔하게 만날 수 있는 사람들은 결코 아니다. 그런데 흥미로운 점은 역사에서 만나는 이런 사람들에게서 발견되는 공통적인 덕목이 하나 있다는 사실이다. 다름 아닌 용기가 바로 그것이다. 따라서 '나는 누구인가'라는 물음에 대한 절반의 답은 내심의 용기인 셈이다. 이런 의미에서, 용기가 가장 소중한 덕성일지도 모르겠지만, 그 용기가 내 안에 있다는 사실 자체도 모르는 채 지나가 버리고 마는 것이 우리네 삶일 것이다. 여기에는 그럴 수밖에 없는 사정이 있다. 이는 누구나 인정하는 사실일 것이다. 그러니까, 즐겁고 건강하며 행복을 추구하면서 살고자 하는 우리네 마음이 실은 내심에 숨어 있는 용기를 발견하지 못하도록 우리를 장님으로 만든 힘이라는 사실이다. 내 생각에 이것이 '나는 누구인가?'라는 물음이 난제일 수밖에 없는 한 이유이다.

ㅇ 수수께끼를 던지는 괴물 스핑크스에게 답을 하고 있는 오이디푸스(귀스타브 모로, 「오이디푸스와 스핑크스」, 1864, 뉴욕 메트로폴리탄 미술관)

여기에 이 물음이 난제일 수밖에 없는 또 다른 이유를 하나 더 추가할 수 있는데, 이 또한 만만치 않은 강적이다. 다름아닌 '나는 누구인가'라는 물음의 본성적 특성이 바로 그것이다. 일단 이 물음은 본성적으로 플라톤의 물음 형식이 구하려는 답을 추구하지 않는다. 일단, 이 물음은 한편으로 누구나 인정할 수 있는 보편의 답을 요구하지 않기 때문이다. 각자는 각자의 답을 추구한다. 다른 한편으로 이 물음은 결실과 결과와 결말을, 한마디로 '무엇'을 답으로 요구하는 것이 아니라 원인과 과정을, 한마디로 '어떻게'를 답으로 요구하고 있는 것이기 때문이다. 이런 이유에서, '나는 누구인가'라는 물음은 인간적인 지평에서는 답이 주어지기 어려운 것일 터이다. 어쩌면, 그 답을 찾기 위한 각각의 노력이 각각의 삶이고 개별 인생일 것이기에. 즉, 과정 안에서 과정 밖의 끝을 물론 추정은 가능하겠지만, 그것을 본다는 것은 구조적으로 불가능하기 때문이다. 종종 그런 일들은 신 혹은 신들이 한다고 하기에. '최후의 심판' 혹은 '인생 재판' 따위의 무시무시한 제도를 통해서 말이다. 이런 이유에서, 나는 이 물음에 대한 답을 찾는 것은 원천적으로 불가능하다고 본다. 이 또한 이 물음의 본성적 특성에 의해서 해명된다. 각설하고, 이 물음이 본래 답을 강요하는 것이 아니라, 물음 자체를 반성적으로 숙고하라는, 삶의 '매 순간과 이어지는 과정에서의 늘 깨어 있음'을 촉구하기 위해 던져진 일종의 철학적 화두였기 때문이다. 여기까지가 '가능하지 않음'에 대한 내 생각이다.

우리는 모두 똑같은 사람들

이제는 '가능하다'는 답을 하겠다. 이에 대한 근거는 이렇다. 하지만 먼저 '어떤 점에서'라는 단서를 달겠다. 애당초 이 물음 자체가 물음이기에 그 의미가 있지, 답에 의미가 있는 것이 아니기 때문이다. 사정이 이러함에도, 이 물음에 대한 답이 '어떤 면에서'는 가능하다. 요컨대 그 가능성을 다시 소포클레스에게서 찾을 수 있기 때문이다.

물론 오이디푸스가 극중에서 종국엔 자신이 범인이라는 것을 알게 됐다는 사실도 '가능하다'는 답에 들어간다. 하지만 내가 찾고자 하는 것은 이 답이 아니다. 역설적이지만 정반대다. 그러니까 오이디푸스! 그 자신이 누구인지를 알 수 없는 처지, 이 처지가 실은 또 다른 답이라는 소리다.

오이디푸스! 그는 아버지에게는 아들이자 경쟁자이고, 어머니에게는 아들이자 남편이고, 아들에게는 아버지이자 형이고, 딸에게는 아빠이자 오빠인 사람이었다. 가족 구성원 사이에 있는 모든 차이를 없애버린 사람이었다. 이 사람은 누구일까? 이 사람의 정체성을 어떻게 규정해야 할까? 이 사람이 실은 인간이고, 이 사람이 바로 시민이란 소리다. 무슨 소린지 궁금해할 독자가 있을 것이다. 해서 잠시 사족을 달면 이렇다.

소포클레스는 본시 아테네의 직접민주주의를 곱지 않게 바라보았던 보수파에 속했다. 그에게 아테네의 직접민주주의는 시민들 사이에 있는 모든 차이를 없애는 제도였다. 이 민주주의는 아버지도 한 표, 아들도 한 표, 부자도 한 표, 빈자도 한 표를 보장하는 제도였기 때문이다. 물론 나이, 혈통, 가문, 신분, 계급, 종교, 국가, 남녀노소, 빈부귀천을 모두 무시하고 모든 시민에게 똑같이 평등한 권리를 부여하는 민주주의이다. 하지만 민주주의가 언제나 최선, 최고, 최상의 효율성을 보장하는 정치체제라고 할 수는 없다. 오히려 어떤 때는 매우 위험한 정치체제이기도 하다. 대표적인 사례로 두 가지를 들 수가 있다. 하나는 최근의 역사에서 찾을 수 있다. 히틀러의 나치 체제가 그것이다. 다른 하나는 기원전 5세기 아테네의 직접민주주의(demokratia)가 바로 그것이다. 이에 대한 증인이 투키디데스이다. 그의 『펠로폰네소스 전쟁사』는 아테네가 직접민주주의에 의해서 어떤 비극적 파국을 맞게 되는지를 보여주는 작품이다. 이 작품은 특히, 공동체의 운영을 한편으로 직접 투표의 방식을 통해서, 그런데 목소리만 강한 사람들에 의해서 아테네 공동체가 어떻게 좌지우지되었는지가 생생하게 그려진 역작이다. 비극의 관점에서 이와 같은 아테네의 직접민주주의를 다루었던 작품이 실은 「오이디푸스 왕」이다.

한데 재밌다. 소포클레스는 시민들에게 너희는 너희 자신이 누구인지를 모르는 놈들, 애비를 살해한 아들들, 전통을 말살한 천박한 무리들, 그래서 '너 자신을 알라(gnothi sauton)!'라는 메시지를 전하려 했다. 하지만 시민 대중은 그 메시지를 오히려 즐기면서—이는 소포클레스가 의도했는지 아닌지는 모르겠지만—어쨌든 그 메시지를 전혀 다른 의미의 메시지로 해석했기 때문이다.

이런 사정 때문이었을까. 소포클레스도 별수 없었나 보다. 자신의 작품을 공연한 장소가 실은 시민 대중이 모였던 극장(theatron)이었기에, 이곳에서 그도 인정받고 사랑받으려고 갖은 정성과 온갖 노력을 다 기울여 드라마를 짓고 공연했기 때문이다.

자신이 천박하다고 무시한 시민 대중들 앞에서 그들의 사랑을 받으려고 말이다.

아닌 게 아니라, 역사는 이렇게 시민 대중의 사랑을 받은 작품들을 전한다. 어쩌면 이게 고전일 게다. 이른바 고전이란 게 별게 아니라는 소리다. 하지만 대중의 사랑만으로는 뭔가 부족하다. 거기에는 뭔가가 더 있어야 한다. 보이지 않지만 바닷물에 소금이 녹아들어 있듯이, 시대를 뛰어넘는 뭔가가 텍스트에 녹아 있어야 한다.

예컨대「오이디푸스 왕」에 녹아 있는 마치 소금 같은 뭔가, 즉 한 사람은 가족이면서 시민이며, 그런데 시민이지만 인간이라는 점, 그러하기에 누구나 너와 나를 구별할 수 없는 똑같은 사람이라는 메시지 같은 것이 말이다. 이를 시민 대중은 원래 주인 소포클레스가 의도한 바와는 전혀 반대로 해석했음에도 말이다. 이게 소포클레스에서 찾은 '나는 누구인가'라는 물음에 대해서 내가 찾은 답이다. 우리는 모두 똑같은 사람이라는 사실이 바로 그것이다.

5. 도서관의 탄생

어느 나라이든 각기 문화의 전성기가 있다. 전성기를 바라보는 여러 기준이 있겠지만 대체로 그 나라의 언어가 도달할 수 있는 세계의 넓이, 깊이, 높이가 최고조에 이를 때를 사람들은 고전기라 부른다. 기원전 5세기와 4세기가 그리스 문화의 고전기에 해당한다. 운문에서는 비극과 산문이, 산문에서는 역사와 철학이 최상의 수준에 도달한 시기이기 때문이다. 이런 사정에 입각해볼 때, 공공 도서관이든 개인 도서관이든 어떤 형식으로든 도서관이 있었을 법한데, 유감스럽게도 우리는 이에 대한 자료를 전혀 가지고 있지 않다. 물론 통상적으로 최초의 공공 도서관 설립자가 피시스트라투스(Pisistratus, 기원전 607~기원전 528)라고 알려져 있다. 하지만 이는 스페인 세비야 출신 이시도루스(Isidorus, 560~636) 주교의 기록 때문에 생겨난 오해이다.

그리스인들 사이에서 아테네 참주 피시스트라투스가 최초로 연구에 의하면 공공 도서관은 물론 개인 도서관도 이 시대에는 아직 존재하지 않았다고 한다. 서양 고전 문헌학자 티치아노 도란디(Tiziano Dorandi)는 "기원전 5세기와 4세기에 이르는 동안에는 공동 도서관에 대한 어떤 흔적도 찾을 수 없다"(Dorandi: 1997, 11쪽)라고 했는데 설득력 있는 주장이다.

한편으로 기원전 5세기에서 4세기 사이에 세워진 건축물 중 도서관 자리에 해당할 만한 유적지가 전혀 발굴되지 않고 있고, 다른 한편으로 문헌학자 칼리마코스(Callimachus, 기원전 300~기원전 220), 지리학자 스트라보(Strabo, 기원전 64?~23?)나 역사학자 폴리비우스(Polybius, 기원전 201~기원전 120) 등 후대 저자들의 문헌에 이 시대의 도서관에 관한 언급이 전혀 없으며, 사실 이 시대에 비로소 낱권 단위의 서적들이 상업적 목적을 위해 출판되었기 때문이다.

공공 도서관이든 개인 도서관(몇몇 학자들은 플라톤이 개인 도서관을 가지고 있었다고 주장한다. 하지만 이에 대한 문헌 전거가 없으므로 이도 추정에 불과하다)이든 어떤 형식이었든 이른바 '도서관'이라고 부를 수 있는 시설이 등장하는 것은 적어도 문헌 전거에 의해서 증명할 수 있는 바는 기원전 3세기이다.

최초의 도서관을 세운 이는 아리스토텔레스

처음으로 이른바 '도서관' 기능에 맞게 도서를 분류하고 교육을 위해 도서관을 세운 사람은 아리스토텔레스였다. 이 도서관은 개인 서재가 아니었고, 자신의 철학 학교였던 리케이온 (Lykeion)에 세워진 것이었다. 비록 학교에 세워진 것이었지만 이 도서관을 이른바 '공공 도서관'이라고 부를 수는 없다. 왜냐하면 이 도서관은 그 건립 목적이 강의에 도움을 주기 위한 것이었고, 이용자 범위를 제한하였기 때문이다. 이 도서관 이용자는 주로 리케이온 철학 학교 소속 학생들과 교사 철학자들이 주를 이루었고, 예외적으로 다른 학파 철학자들에게 일부 개방되었다. 이곳에 수집 보관된 텍스트들은 학교 창립자인 아리스토텔레스의 강의 초록과 이미 진행된 강의록들이었다. 어찌 되었든 우리의 관심을 끄는 것은 이 도서관의 변천과 책들의 운명인데, 지리학자 스트라보는 이에 대해서 다음과 같이 보고한다.

> 소크라테스를 추종했던 철학자 에라스투스(Erastus), 코르시쿠스(Corsicus) 그리고 이 사람의 아들 넬레우스(Neleus)는 스켑시스(Scepsis, 소아시아 트로이 지역의 소왕국) 출신이었다. 넬레우스는 아리스토텔레스와 테오프라스투스(Theophrastus, 기원전 330~?)의 제자였을 뿐만 아니라 테오프라스투스의 도서관을 유산으로 물려받았다. 이 도서관에는 아리스토텔레스의 도서관도 포

함되어 있었다. 그러니까 아리스토텔레스는 학교를 물려준 테오프라스투스에게 자신의 도서관을 넘겨주었다.

내(아마도 스트라보)가 아는 한, 이 사람(테오프라스투스)이 이집트 왕들에게 책의 수집과 도서관의 체계를 가르친 첫 번째 사람이다. 테오프라스투스는 이 도서관을 넬레우스에게 전했고, 넬레우스는 스켑시스로 가져갔고, 이를 다시 그의 후계자들에게 전했는데, 이 사람들은 평범한 사람들이어서 책들을 창고에 내던져 두고 문을 걸어 잠가놓은 정도 이외의 세심한 보관은 하지 않았다. 이러는 중 자신들을 속국으로 통치하고 있던 아탈루스 왕들이 페르가몬에 도서관을 세우기 위해 책들을 구하고 모은다는 소식을 접하게 되었다. 그러자 그들은 땅을 파서 참호를 만들고 여기에 책들을 숨겼다. 한참 후책들이 습기와 벌레에 의해서 손상을 당하자, 그들의 후손들은 아리스토텔레스와 테오프라스투스의 책들을 테오스 출신 아펠리콘(Apellicon, ?~기원전 84?)에게 큰돈을 받고 팔았다. 그러나 아펠리콘은 철학자라기보다는 애서가(philobiblos)였다. 그는 벌레에 먹혀 손상당한 부분들을 복구하는 노력을 하는 중에, 새로운 복사본들을 만들었다. 그러나 정확하게 고쳐진 것이 아니고, 오류로 가득 찬 것들이었다. 이러한 변천의 결과는 이러했다. 한편으로 테오프라스투스를 이어받은 소요학파(Peripatoi) 철학자들이 운영했던 초기 학교들은 책들을 전혀 소장하지 못했고, 예외적으로 몇 권의 서적들만을 가지고 있었는데, 그 대부분도 외부에 발표된 문건(exoterica)들이었다. 그래서 그들은 실질적으로 철학 훈련을 할 수 있는 서적을 전혀 갖지 못했고, 단지 공통 상식에 해당하는 일반 명제 정도를 수사학적으로 화려하게 늘어놓는 정도였다. 다른 한편으로 후기 소요학파 학교들은 [문제의 저 아펠리콘의 복사본] 책들이 나오자, 비록 더 나은 조건에서 철학과 아리스토텔레스식 연구를 할 수 있었으나, 책들에 있는 수많은 오류 때문에 그들은 '아마도 그랬을 것이다' 정도의 개연적 논의에 그치고 말았다. 여기에는 로마도 한몫 큰 기여를 했다. 왜냐하면 당시 아테네를 장악하고 있었던 술라(Sulla, 기원전 138~기원전 78년)가 아펠리콘이 죽자 곧바로 도서관을 전리품으로 취했다. 이곳(아마도 로마)으로 옮겨진 도서관을 아리스토텔레스 추종자였던 티라니온(Tyranion)이 관리했는데, 이 도서관에서도 도서들을 교정하고 고쳤다. 그리고 몇몇 도서 상인들이 필경사를 고용하였는데, 그들은 수준이 낮은 필경사들이었고 필사본들의 대조-비교를 전혀 하지 않았다. 이는 책을 팔기 위해 문헌들을 필사할 때 일어나는데, 이곳뿐만이 아니라 알렉산드리아에서도 있는 일이다. 이 사람들에 대해서(아마도 질 낮은 필경사)는 이 정도로 충분할 것 같다." - 『지리서』, 제13권 1장 54절

특히 눈길이 가는 대목은, 황금의 보물인 아닌 책들이 매우 중요한 전리품으로 취급받기 시작했다는 것이다. 단적으로, 심

지어 로마의 독재자인 술라가 도서관을 주요 전리품으로 취한다. 도서관을 아예 통째로 옮겨 왔다는 보고가 흥미롭다. 도대체 무슨 일이 벌어졌던 것일까? 각설하고, 핵심은 책이 큰 대접을 받게 되었다는 소리다. 책과는 거리가 먼 것으로 보이는 왕과 독재자가 책을 수집하고 도서관 세우기에 혈안이 될 정도다. 뿐만 아니라, 책들을 빼앗기지 않으려고 땅을 파고 책을 숨기는 일까지 벌어질 정도다. 이로 미뤄 보건대, 책이 보물 대접을 받고, 도서관이 주요 공공 기반 시설로 인정받았던 것은 기원전 4세기부터였음이 분명하다. 그 결정적인 증거가 이때에 세워진 알렉산드리아 도서관이다.

최초의 공공 도서관인 알렉산드리아 도서관

로마의 산문 작가 겔리우스(Aulus Gellius, 130~180)의 보고다.

> 누구였던가? 최초로 공공 교육을 위해 책들을 제공했던 자는? (중략) 교양 교육을 통해 자유 시민을 양성하기 위해 아테네인들에게 책들을 공공 차원에서 처음으로 제공한 이는 참주 페이시스트라토스(Peisistratos, 기원전 605~기원전 527)라 한다. 물론, 아테네인 자신들도 큰 열성을 가지고 도서관을 풍부하게 가꾸고 키웠다. (중략) 많은 책들이 알렉산드리아의 프톨레

마이오스 왕조에 의해 수집되었다. (중략) 알렉산드리아에서 벌어진 전쟁 중에 이 나라가 약탈당하는 과정에서 군인들이 의도적으로 혹은 계획적으로 그런 것은 아니었다. 보급을 담당하는 병사들에 의해서 이 책들은 모두 불태워졌다. - 『아티카의 밤들』, 제7권 17장 1절

인용은 서양 도서관의 역사에서 자주 언급되는 대목이다. 하지만 주의해야 할 점은, 기원전 600년부터 서기 400년까지 1,000년의 세월이 몇 문장으로 압축되어 있다는 것이다. 이 때문에 도서관에 대한 많은 오해가 생겨나기도 했다. 대표적으로 알렉산드리아 도서관 화재 사건이 그것이다. 기원전 47년 카이사르(기원전 100~기원전 44)가 알렉산드리아 항구를 공격했을 때에 도서관이 불타버렸다고 한다. 하지만 이는 신빙성이 없는, 오해다. 도서관은 항구 근처에 위치하지도 않았고, 실제로 불탄 것들은 수출용으로 항구 근처 창고에 보관 중이었던 파피루스였기 때문이다. 물론 카이사르도 도서관에 불을 지를 정도로 야만적이지 않았다. 이 도서관이 실제로 소실된 시기는 서기 270년 정도로 추정된다.

알렉산드리아 도서관 건립에 착수한 이는 소테르(Soter, 기원전 367~기원전 282) 왕이었고, 완공한 이는 소테르의 후계자였던 필라델푸스(Philadelphus, 기원전 308~기원전 246) 왕이었다. 도서관은 시인으로도 이름을 날린 칼리마코스 시절(기원전 3세기)에 이미

40만 두루마리를 소장했고, 후대 보고에 따르면 70만 두루마리를 소장했다고 한다. 그러나 도서관은 단순하게 고대 문헌들을 보관만 하는 장소는 아니었다. 오히려 이곳은, 엄밀한 비판-검증(collatio)을 거쳐 문헌을 교정(emendatio)하고, 그것의 비판 정본(textus criticus)을 만들었으며, 이를 다시 주해하고 번역하는 업무도 수행했으며, 도서 목록을 작성하는 일까지 포괄하는 일종의 연구소였다. 뿐만 아니라 이런 검증 과정을 통해 탄생한 책들을 출판하는 일도 관장했던 곳이기도 했다. 결론적으로, 이 도서관이 헬레니즘 시대 지식의 산실이자 지혜의 배꼽(omphalos sapientiae)이었던 셈이었다. 아닌 게 아니라, 이곳은 본래 신전이었다. 다시, 스트라보의 보고다.

> 궁정 안에 무사이온(무사 여신들을 섬기는 사원)이 있는데, 이곳은 회랑과 열람실용 엑스에드라(돌로 된 좌석)와 큰 집을 포함하고 있다. 이 집은 무사이온에 속하는 학자들이 공동 식사를 하는 곳이었다. - 『지리서』, 제17권 1장 8절

책이 원래 보물이고, 귀한 물건이었다는 점이 여실히 드러난다. 그래서일까? 도서관은 도서관 관계자와 학자들, 무사이온 학생들과 왕실 관계자에게만 허용되었다. 일반 대중은 이용할 수 없었다. 하지만 이는 공공 도서관의 최초 기획자였던 페이시스트라토스의 정책과는 정면으로 배치되는 조치다. 원래 도서

관은, 적어도 겔리우스에 따르면, "교양 교육을 통해 자유 시민을 양성하기 위해"서 세워진 공동의 재산(res publica)이었기 때문이다. 본래 사정이 이러함에도, 공공의 보물인 책에 대한 왕실의 관리와 감시는 엄격했다. 아테네의 아고라 근처의 제정 로마 시대 도서관 유적지에서 나온 대리석 비문이 그 증거다.

> 어떤 책도 가지고 나갈 수 없다. 도서관 개관 시간은 첫 번째 호라(오전 7시, 9월 기준)에서 여섯 번째 호라(정오 12시, 9월 기준)까지다. – 도란더의 논문(1997)에서 인용

도대체 왜 왕들은 책의 유출을 막으려 했던 것일까? 물론, 보물이기에 그랬을 것이다. 꼭 그 때문이었을까? 도서관의 이용까지도 엄격하게 통제했던 걸 보면 그런 생각이 든다. 왕들의 이런 조치는 실은 무사(Musa) 여신들에게 히브리스(hybris, 불경죄)를 범하는 짓이었다. 원래 자유 시민의 교양을 돌보는 신들이 무사 여신들이었기 때문이다. 사정이 이러함에도, 왕들은 책의 유출은 물론 일반 시민의 도서관 이용을 허락하지 않았다. 그렇다면 필시 그 까닭이 있을 터. 무엇이었을까? 단적으로, 책에 담긴 통찰과 그 비판의 힘에 대한 두려움 때문이었다. 하지만 왕들도 별수 없었다. 물론, 책은 도서관에 있어야 옳다. 공동의 보물이니까. 이런 의미에서 책에 대한 왕들 나아가 권력자들의 통제는 어느 정도 이해가 간다. 또한 그 덕분에 그 통제도 나름 성공했다

하겠다. 하지만 여기까지다. 왕들이 두려워했던, 책에 담긴 혹은 책에서 얻은 통찰과 비판의 힘이 세상으로 나가는 것은 정작 통제할 수 없었기 때문이다. 물론 사람들은 책을 도서관 밖으로 가지고 나올 수는 없었다. 하지만 사람들은 영리했다. 그 대신에, 그들은 책에 담긴 지혜를 가지고 나왔기 때문이다. 결국, 책이 있는 곳은 도서관이지만, 책이 사는 곳은 세상이라는 소리다. 책들의 무덤이기도 한 도서관에서 바로 그 책들이 살아 있는 빛으로 세상을 비추는 이야기는 여기까지다. 결론적으로 책을 물리적으로 가둘 수는 있지만, 그 안에 담긴 지식과 지혜는 빛의 날개가 있어 도서관에 가둘 수 없는 무엇인 셈이다. 책이 원래 그런 물건이기에.

6. 책들이 동쪽으로 간 까닭은?

"책에도 운명이 있다." 이 말의 주인은 로마의 문법학자 테렌티아누스(Maurus Terentianus, 2세기 때 활약)다. 뭔가 있어 보인다. 그래서였을까. 말은 주인보다 더 유명세를 타게 된다. 하지만 입에서 입으로 회자되면서 말은 스스로 자기의 모습을 바꿔야 했다. 어쩌면 어쩔 수 없는 운명이었을지도 모르겠다. 이 말의 최초 모습은 이랬다.

> 독자의 이해 능력에 따라 책 자신의 운명이 결정된다(Pro captu lectoris habent sua fata libelli). – 테렌티아누스, 『철자, 음절, 운율에 대하여』, 제1286행

하지만 언제부터인지는 모르겠지만 말은 머리에 해당하는 "독자의 이해 능력에 따라(pro captu lectoris)"가 떨어진 채 "책 자신의 운명이 결정된다(habent sua fata libelli)"라는 몸만 데리고 돌

아다니기 시작한다. 가벼워서였을까. 어쨌든 지금은 머리 없는 몸만 있는 모습으로 말은 사람들의 입에 회자되고 있다. 말이 이렇게 유명해진 데에는 나름 자기희생도 한몫 거들었으리라.

이런 희생을 통해서 말은 새로운 모습으로 다시 태어난다. '책들도 자신만의 운명을 가지고 있다'의 의미로 말이다. 얼핏 별 차이가 없어 보인다. 하지만 큰 차이가 있다. '독자의 이해 능력에 따라 책 자신의 운명이 결정된다'는 책 내용에 대한 독자의 이해와 사랑이 관건이지만 '책들도 자신만의 운명을 가지고 있다'는 책 자체의 생존, 즉 전승이 관건이기 때문이다.

사실 독자의 사랑도 책의 운명과 전승에 결정적이다. 이해하지도 못할 책을 사랑할 이도 없거니와 그런 책을 후세에 전하려는 이도 없을 것이기에. 하지만 이 글에서는 독자의 사랑보다는 책 자체의 운명을 중심으로 이야기를 풀어가겠다. 일단 지면 문제가 제일 크다. 또한 독자의 사랑을 결정하는 내용 이해의 문제는 독자 자신의 문제이지 책 자체의 운명에 대한 이야기는 아니기 때문이다.

유럽에서 자취를 감춘 아리스토텔레스의 책들

어느 책이든 다 나름의 사연이 있겠지만 적어도 서양 역사에서 그 기구함으로 본다면 아리스토텔레스의 책만큼 파란만장한 운명을 겪은 것도 없을 것이다. 아리스토텔레스 저술들을 체계적으로 정리한 사람은 로도스 섬에서 활약한 안드로니코스(Andronikos, 기원전 1세기 활약)라는 점은 잘 알려진 사실이다. 이른바 '아리스토텔레스 전집(Corpus Aristotelicum)'이 바로 그것이다. 하지만 이렇게 묶인 아리스토텔레스의 텍스트들은 다시 이리저리로 흩어져 나갔으며, 흩어진 텍스트들은 각기 독자적인 운명을 겪게 된다. 물론 일부 살아남은 책도 있었다. 이것들이 살아남을 수 있었던 것은 실은 신 플라톤 학파의 주석 전통 덕분이었다. 예컨대, 아리스토텔레스의 『범주론』은 서기 3세기에 활약한 포르피리오스(Porphyrios, 234~305)의 『〔아리스토텔레스〕논리학 입문(Isagoge)』과 같은 작품 덕분이다. 여러 주석가들을 이야기해야 하겠지만 각설하고, 포르피리오스의 주석은 보이티우스(Boethius, 480~524)에 의해서 라틴어로 번역된다. 보이티우스의 번역본은 이후 내내 서양 중세의 표준 교재로 사용된다. 이 책의 위세는 적어도 아리스토텔레스의 책들이 서부 유럽에 다시 모습을 드러내기까지는 대단했다. 십자군 전쟁 이후 사태는 급변하게 된다. 십자군 전쟁으로 스페인이 이슬람 세력에 의해서 정복당하게 되는데, 예컨대 톨레도(Toledo) 지역에서 아랍어로 번역된 아리스토텔레스 작품들이 라틴어로 옮겨졌기 때문이다. 이때에 번역된 것들이 그리스 원전이 아니고 아랍의 대학자였던 알 킨디(Al-Kindi, 801~873), 알 파라비(Al-Farabi, 872~950), 아비센나(Avicenna, 980~1037)와 같은 학자들이 작업한 아랍어 번역들이었다는 점은 잘 알려진 사실이다.(참조. 드미트리 구타스의 『그리스 사상과 아랍 문명』) 철학사의 관점에서 보면 유럽의 중세는 '아리스토텔레스 전성시대'라 해도 그리 틀린 말은 아닌데 실은 이 번역 덕분이었다. 그리스 원전이 서부 유럽으로 들어온 시기는 15세기 초엽이었기 때문이다. 예컨대 아리스토텔레스의 『시학』, 그리스 원전을 전승하고 있는 파리 사본 1741(cod. Paris. 1741)이 이탈리아로 건너온 해가 1427년이었다. 도대체 어찌 된 일일까? 결론부터 말하자면 책들은 동쪽으로 갔다. 무슨 사연이 있기에 그토록 재미없고 지금도 읽기 어려운 논리학 저술이, 예컨대 아리스토텔레스의 『분석론』이 동쪽으로 갔을까?

책들이 동쪽으로 간 까닭은?

사연인즉 이렇다. 지중해의 서쪽 지역인 유럽, 특히 로마에 중세의 어두움이, 혹은 가톨릭교회의 빛이 본격적으로 퍼지기 시작하는 시기에 지중해의 동쪽 지역에서는 신앙과 이념의 전쟁이 치열했다. 예컨대 아리우스파를 이단으로 몰았던 니케아 공의회의 전투가 벌어졌던 대표적인 자리였다. 그런데 이 전투의 주요 병장기는 칼이나 방패가 아닌 말(logos)이었다. 따라서 이 전투에서 아리스토텔레스의 논리학과 변증술이 큰 사랑을 받고 대접을 받게 된 것은 우연이 아니었다. 논리가 곧 칼이고 방패였기 때문이다. 사실 이런 종류의 말싸움에서 예나 지금이나 아리스토텔레스의 논리학과 변증술만큼 위력적이고 유용한 기술도 없다. 아마도 이것이 아리스토텔레스의 책이 동쪽으로 가게 된 첫 번째 이유였을 것이다.

한데 '토사구팽(兎死狗烹)'이 여기에 해당될지도 모르겠다. 이른바 이단 전쟁이 대략 종료되자 아리스토텔레스의 논리학 저술들도 비슷한 운명을 맞게 됐기 때문이다. 다시 말해 말의 전쟁터에 더 불려 나갈 일이 줄었기에 말이다. 그런데 뜻밖에 반전이 일어난다. 아리스토텔레스가 학문의 기초 방법으로서 말의 도구적인 특성을 정리해서 묶은 『오르가논(Organon, 공구서(工具書)』의 용도가 전쟁의 무기에서 이제는 새로운 세계, 더 정확하게는 정신의 새로운 대륙을 여는 도구로 활용됐기 때문이다. 여기에서 새로운 대륙이란 종교를 말하는데, 아랍 세계의 경우, 이슬람교의 교리가 이를테면 아리스토텔레스의 『범주론』을 토대로 성립해 있다는 점은 잘 알려진 사실이다. 아무튼, 이런 이유에서 아리스토텔레스의 책들은 계속 사랑받는다. 물론 이 과정에서 중용된 책은 『분석론』이 아니라 『범주론』이었지만 말이다. 추상 세계를 실제 세계로 세우고 입증하는 작업도 결국은 말(logos)로밖에 할 수 없었기 때문이다. 따라서 술어(述語) 이론이 중용될 수밖에 없고 이것이 『범주론』이 사랑받았던 이유였을 것이다. 아마도 이것이 아리스토텔레스의 책들이 더 동쪽으로 가게 된 또 다른 이유였을 것이다.

그러면 이쯤에서 그 동쪽이 어디인지를 밝히겠다. 로마에서 그리 먼 곳은 아니었다. 시리아였다. 당시 시리아는 동로마제국에 속했다. 이 지역의 공용어는 코이네 그리스어였다. 이것이 아리스토텔레스의 책들이 살아남게 된 일차 이유였을 것이다. 또한 이단에 대한 전투가 가장 치열하게 벌어진 곳이 실은 시리아 지역이었다는 점도 중요하다. 이런저런 이유에서 아리스토텔레스의 책들은 시리아의 수도원들에서 그리스 원전으로 읽혔고 또한 학생들의 교육을 위한 교재로도 사용됐다. 이는 서기 6세기까지는 지속된 것으로 추정된다. 그렇다면 적어도 이 시기까지는 지중해 서부 유럽에서 사라진 아리스토텔레스의 책들이 지중해 동부 지역에서는 나름 융숭한 대접을 받았음이 분명하다. 이에 대한 결정적인 증거는 바로 서기 6세기 이후부터 쏟아져 나온 『오르가논』에 대한 시리아어 해설서와 번역서들이다.

시리아어에서 다시 아랍어로

안타깝지만 추적은 여기에서 멈춰야겠다. 일단 추적이 불가능하기 때문이다. 어쩌면 시리아어 번역 탓일지도 모르겠다. 번역 때문에 그리스 원전을 더 이상 볼 필요가 없는 상황이 되었다. 그러나 잠깐 또 다른 반전이 기다리고 있다. 이 시기의 시리아어 번역들은 서기 9세기부터 이븐 시나(Ibn-Sīnā, 980~1037)와 같은 학자들에 의해 다시 아랍어로 번역되었다. 이 번역들은 한 편으로는 아랍의 철학과 종교, 다른 한편으로는 중세 유럽에서 아리스토텔레스 철학의 부활을 예비한 사건이 되었다. 각설하고, 아랍어 번역이 그리스 원전에서 직접 옮겨 온 것이 아니고 시리아어 번역을 거쳤다는 사실에 눈길이 가지만 이에 대해서는 여기서 멈추자. 물론 연구가 이제 본격적으로 시작됐기에 속단은 이르지만 그 결론이 어떻게 맺어질지 자못 궁금하다.

한데 여기까지도 다는 아니다. 진짜 마지막 반전이 기다리고 있을지도 모르기에. 마찬가지로 본격적인 추적이 요청되지만, 예컨대 경교(景教)로 알려진 네스토리우스 종파도 아리스토텔레스의 논리학을 애용했던 무리였고 번역 과정에서 시리아 번역어나 아랍어 번역어가 어떤 종류의 모습을 띠고 한자(漢字)로 변신했을지는 모르겠지만 아리스토텔레스의 개념들이 경교의 동진(東進)과 함께 동양 세계에도 흘러들어 왔을 가능성이 높기 때문이다.

이에 대한 전거는 칭기즈칸이 유라시아를 제패한 이후의 시기에 활약했던 바르 헤브라이우스(Bar Hebraeus, 1226~1286)의 사람이 시리아어로 남긴 저술들(여기에는 『오르가논』, 『니코마코스 윤리학』, 『정치학』 등이 소개돼 있다)이다. 참고로, 바르 헤브라이우스는 시리아 정교의 주교였다. 그는 토마스 아퀴나스(Thomas Aquinas, 1225~1274)와 거의 같은 시대를 살았고, 송나라의 주희(朱熹, 1130~1200)보다는 한 세대 이후에 태어나 활동한 학자이다. 이

세 사람을 언급하는 이유는 바르 헤브라이우스가 활동하던 시기의 유라시아 서쪽 지역에서는 아리스토텔레스의 철학을 바탕으로 철학이 재구성되고 있는데, 유라시아의 동쪽 지역에서도 마찬가지로 성리학이라는 새로운 학문이 흥기했고, 이와 관련해서 유라시아의 중간 지역에서도 유라시아의 동쪽과 서쪽에 못지않게 중요한 학문이 발전했다는 점을 강조하기 위해서다. 유라시아의 통합적인 관점에서 유라시아 서쪽의 중세 철학, 동쪽의 성리학, 중간 지역의 신학과 철학 전통들을 비교하고 분석해보는 것도 나름 재미있는 연구 주제일 것이다. 아퀴나스가 강조하는 'intellectus'와 주희가 중시하는 '理'는 어떤 관계일까? 성즉리(性卽理)의 이념이 과연 동아시아 지역만의 특수한 생각일까? 또한 바르 헤브라이우스의 이성주의는 이들 사이 어느 지점에 자리매김할 수 있을까? 물론 규모가 너무 커서 엄두가 나지 않는다. 사정이 이러함에도 감히 이런 연구 제안을 하는 이유는 다음에 있다. 나는 최근에 중국에서 출판된 '청진대전(淸眞大典)'이란 총서를 살필 기회가 있었다. 이 책은 이슬람 세계에서 출판된 책들을 결집해놓은 것으로, 주제별로는 신학, 철학, 천문학, 의학, 지리학 등 260여 종의 책들을 아우르고 있는 총서이다. 흥미로운 점은, 여기에 결집된 책 가운데에는 원전이 그리스어로 된 책들도 상당수 포함되어 있다는 것이다. 그 대표적인 사례로 『명역천문서(明譯天文書)』를 들 수 있는데, 이 책은 의심할 나위 없이 프톨레마이오스의 『천문학(Almagest)』을 아랍어로 옮긴 것이고 아랍어 번역을 다시 명나라 초기에 한문으로 옮긴 것이다. 이와 같은 문헌의 원천을 밝히는 작업은, 과학 기술 서적의 출처를 확인하기가 상대적으로 쉬운데, 『회회약방(回回藥方)』도 명백하게 아랍어 의학서를 번역한 것인데, 보다 엄밀한 문헌 대조를 해보아야 하겠지만, 『회회약방』은 아마도 갈레노스(Galenos, 129~200)의 저서를 참조했을 가능성이 높다. 『회회약방』에 나와 있는 갈레노스의 중국식 표기는 札里奴西이다. 『명역천문서』나 『회회약방』이 아랍어로 번역된 시기는 8세기 중엽에서 10세기 말까지다. 그런데 구타스(Dimitri Gutas)에 따르면, 이 시기에 가장 많이 번역된 서적들이 아리스토텔레스의 철학 서적들이다. 그렇다면, 앞에서 소개한 '청진대전'에 아리스토텔레스의 저술이 어떤 식으로든 포함될 가능성이 높다. 아리스토텔레스 책들의 동진과 관련해서 적어도 두 가지 가능성은 아직 열려 있는 셈이다. 하나는 당나라 때에 경교의 문헌에 묻혀서 흘러들어 왔을 가능성이고, 다른 하나는 이슬람교의 문헌에 포장되어 들어왔을 가능성이 높다. 이에 대한 연구가 시급함 정도만 강조해둔다.

책들이 동진의 시기 결정 문제와 관련해서 확실한 것은 17세기부터이다. 17세기 초반에는 아리스토텔레스의 문헌이 중국에서 본격적으로 한문으로 번역되었기 때문이다. 예수회 신부들의 노고 덕분이다. 이를테면, 아리스토텔레스의 『범주론』이 『명리탐(名理探)』으로 번역된 해는 1623년이다. 번역자는 푸르타도

(Francis Furtado, 1587~1653) 신부이고, 중국어 번역을 도운 이는 이지조(李之藻, 1571~1630)이다. 중국어 번역은 1611년에 포르투갈의 코임브라 대학교에서 출판된 라틴어 번역본을 저본으로 삼았다. 만약 아리스토텔레스의 저술이 중국에 청나라 이전에 들어왔다면, 저 멀리 아테네에서 북경까지, 아무리 못 잡아도 1,000년은 족히 걸렸을 기간이 17세기에 들어오면 10년 안팎으로 줄어들고 있다는 사실에 눈길이 간다. 지금이야 순간이지만 말이다. 클릭 한 번이면 가능하기에 하는 말이다.

아리스토텔레스의 생각이 조선에 들어와서 퍼진 것은 19세기였던 것은 확실하다. 물론, 비록 문헌 대조를 통해서 직접 확인해보지는 못했지만, 최근 연구에 따르면 그 이전일 가능성이 높다. 성호 이익과 같은 유학자들이 읽었을 것이다. 이에 대해서는 다른 자리에서 상술하겠다. 아무튼, 1840년 전에 아리스토텔레스의 생각이 조선에 들어온 것은 확실하다. 전거는 아래와 같다.

례十一됴목대로 무른즉 답왈 뉴 왇스딩은 경셩셔 딕딕로 벼슬ᄒᆞᄂᆞᆫ 즁인으로 외교 째 어려셔브터 학문을 됴화ᄒᆞ야 모든 글을 널니 통달ᄒᆞ고 문쟝으로 유명ᄒᆞ나 그 즁에 진도를 구식ᄒᆞ야 만물에 근원을 알고져 ᄒᆞ며 불경과 잡셔를 다 보딕 진젹ᄒᆞᆫ 거시 업는 고로 셩교 도리가 혹 진도,ㄴ가 ᄒᆞ야 알고져 ᄒᆞ딕 교우를 맛나지 못ᄒᆞ고 이를 쓸 지음에 우연이 쟝 브른 수지 조각 쩌러진 딕 싱혼, 각혼, 령혼 말이 잇거늘 이는 젼에 듯지 못ᄒᆞᆫ 말

이라 ㅎ고, 물을 추겨 ㅸ란 거슬 온젼이 쎄혀본즉 셩교셔 몃
쟝이라. 다 보아 외오기ㅅ지 ㅎ나 실사는 알 길이 업ㅅ매 아모
조록 교우를 맛나기로 원ㅎ야 양근 마자 뎡 승지 아들 집이 본
리 셩교로 소문난 집이라. 츠즈가 무른즉 뎡 유산이 의심ㅎ야
쎄치거늘 ㅏㄷ스딩 말이 "그러면 알 만흔 듸를 지시ㅎ야 달나."
ㅎ니 남문 밧 사는 홍 암브로쇠를 지시ㅎ매 즉시 도라와 츠즈
가 바로 말ㅎ니 암브로쇠ㅣ 도리를 강논ㅎ며 셔칙을 주어 보매
활연이 씌ㄷ라 문교흔지라. - 『기해병오 순교자 시복재판 2』, 453쪽

　　인용은 '기해 박해 증언록'에서 가져온 것이다. 인용의 주인공
은 유진길 아우구스티노(1791~1839)이다. 흥미로운 표현은 "우연
이 쟝 ㅸ른 수지 조각 쩌러진 듸 싱혼, 각혼, 령혼 말이 잇거늘"
이다. 현대 한국어로 이렇게 옮겨진다. "우연히 장(醬) 바른 휴지
조각 떨어진 데에 생혼(生魂), 각혼(覺魂), 영혼(靈魂)이라는 말이
있거늘"(하성래 옮김)로 말이다. 생혼, 각혼, 영혼이란 말의 출처는
아리스토텔레스의 『영혼론』이다. 아리스토텔레스의 혼삼품설
을 동양에 처음 소개한 이는 마테오 리치(Matteo Ricci, 1552~1610)
이다. 그는 『천주실의』에서 생혼에 해당하는 것을 초목지혼(草木
之魂), 각혼에 해당하는 것을 금수지혼(禽獸之魂), 영혼에 해당하
는 것을 인혼(人魂)이라고 칭한다. 따라서 아리스토텔레스의 식
물혼, 동물혼, 인간혼을 생혼, 각혼, 영혼이라는 명칭으로 유포
시킨 이는 샴비아시(Sambiasi)이고, 그의 책 『영언여작(靈言蠡勺)』

을 통해서다. 유진길 아우구스티노 성인이 『천주실의』나 『영언여작』을 먼저 읽지는 않았다. 그렇다면 아주 우연히 접하게 된 종이에 쓰인 생혼, 각혼, 영혼이라는 세 단어가 그의 인생을 송두리째 바꿔놓은 셈이다. 한 가지만 지적하겠다. 바로 말의 힘, 그 위력이다. 유진길 성인이 말에 담긴 논리에 의해서 설득되었다는 점이 매우 중요하다. 적어도 그는 이른바 종교에서 강조하는 기적이나 이적의 힘이 아닌 말의 뜻을 파악하고서 깨달았기 때문이다. 이런 종류의 깨달음은 천주교의 시작이 서양이니 서양의 종교라는 낮은 수준의 접근법을 넘어서서 그 말이 맞으니 그 말에 따라 살아야겠다는 생각을 만든 힘이기에 매우 중요하다. 어느 문명이든, 혹은 어느 역사이든, 혹은 어느 문화이든, 그것들이 오래가고 멀리 퍼지려면, 기원의 문제나 출처의 문제를 넘어서는 힘을 자체적으로 지니고 있어야 하는데, 그 힘이 다름 아닌 말의 힘에 담긴 보편 정신이다. 이를 잘 보여주는 실례가 원래 이교도인 아리스토텔레스의 철학이 중세 내내 기독교를 위해 봉사해야 했던 사실일 것이다. 물론 유라시아 중앙 지역의 이슬람과 시리아 정교의 역사도 포함되어야 한다. 유진길 성인과 아리스토텔레스 영혼론의 만남도 또한 극적인 사례일 것이다. 여러 해명이 요청되겠지만, 근본적으로는 말의 힘에 담긴 보편 논리 덕분이다. 적어도 말이 힘을 쓰려면 기본적으로 말의 뜻에 보편 정신을 담고 있어야 하고, 그 뜻이 보편 논리를 타고 있어야 하기 때문이다. 아무튼 이런 보편 정신과 보편 논리를 가능케 하는 아리스토텔레스의 철학과 학문이 한국에 오기까지는 어언 2,500여 년이 걸린 셈이다. 그렇다면, 아리스토텔레스의 책들이 이렇게 극동에까지 오게 된 것은 과연 책들 자신의 운명이었을까? 운명이라고 보는 것이 맞다. 시작의 측면에서는 우연이었겠지만, 결과의 측면에서는 필연이었기 때문이다. 아리스토텔레스의 보편 정신과 보편 논리를 빌리지 않고서는 지금의 한국 문명을, 아니 세계 문명을 설명할 길도 없고 실제로 작동시킬 수도 없기에 하는 말이다.

7. 가장 비정치적인 것이 가장 정치적이다

> 인간의 삶이 무거운 종교에 눌려
>
> 모두의 눈앞에서 땅에 비천하게 누워 있을 때,
>
> 그 종교는 하늘의 영역으로부터 머리를 보이며
>
> 소름 끼치는 모습으로 인간들의 위에 서 있었는데, (중략)
>
> 그리하여 입장이 바뀌어 종교는 발 앞에 던져진 채
>
> 짓밟히고, 승리는 우리를 하늘과 대등하게 하도다.
>
> – 루크레티우스, 『사물의 본성에 관하여』, 제1권 62~79행

지금 읽어도 도전적이다. 특히 마지막 주장, "승리는 우리를
하늘과 대등하게 하도다"는 오만(hybris)의 극치이다. 무엇보다도
'신(神)'을 맨 앞자리에 놓는 서양 고대인들에게는 특히나 그렇게
보였을 것이다. 옛날에 이런 일이 있었기 때문이다. '거인'이라는
뜻을 가진 기가스(gigas) 종족이 있었다. 그들은 우주의 통치권
을 탐내어 산 위에 산을 차곡차곡 쌓아올려 별들이 빛나는 하

늘에 닿았고, 마침내 제우스의 궁전을 공격했다. 이에 격노한 제우스가 번개를 던져 그들이 쌓아올린 산을 무너뜨리고 거인들의 몸을 찢어 대지 위에 뿌렸다. 이게 하늘에 도전하는 자들의 말로(末路)였다.

아무것도 없는 것에선 아무것도 나오지 않는다

아테네의 법정에서 소크라테스가 극형 선고를 받게 된 혐의도 실은 신성 모독 때문이었다. 따라서 종교에 대한 루크레티우스(Lucretius, 기원전 98/96~기원전 55/53)의 저 '승리' 선언은 참으로 대담하다 하겠다. 어쩌면 "신은 죽었다"라는 니체의 선언보다 더 대담했을지도, 그 파장이 더 컸을지도 모르겠다. 그도 그럴 것이, 현대적인 의미에서의 제도화된 종교 사회는 아니었음에도, 로마가 신들의 경외감을 중시한 사회였기 때문이다. 그 증인이 키케로이다.

> 그것과 동시에 경외심과 종교 생활 역시 소멸될 수밖에 없는데, 그것들이 없어지면 삶의 동요와 크나큰 혼란이 뒤따르게 될 것입니다. 게다가 나(키케로)로서는, 신들을 향한 경건함이 사라지고 나면, 인간 종족에 대한 신뢰와 연대감, 그리고 가장 탁월한 덕인 정의 역시 사라지고 말 것이라 확신합니다. - 키케

소박하다. 하지만 작은 문제는 아니다. 이에 대해 키케로는 약간은 유보적이다. 일단 종교를 무시하는 입장과, 무시해서는 안된다는 입장에 대해서 둘 다 들어보자는 태도를 취하기 때문이다. 이상이 『사물의 본성에 관하여』가 출판됐을 당시 로마의 분위기였다. 사실 '내전(bellum civile)'의 위협에 시달려야 했기에 일반 시민들은 이 책의 출판 사실에 대해 별 관심도 없었을 것이다. 한데, 정치가 안정되자 『사물의 본성에 관하여』를 읽는 사람이 생겨난다. 흥미로운 점은 이 책에 대한 호감과 반감이 분명하게 갈린다는 것이다. 호감을 표하는 대표적인 인물이 오비디우스(Publius Naso Ovidius, 기원전 43~17)다. 그의 『변신 이야기』 시작 대목이다.

> 바다도 대지도 만물을 덮고 있는 하늘이 생겨나기 전 자연은 전체가 한 덩어리였고 한 모습이었다네. 이를 사람들은 카오스라 불렀지. 원래 그대로 투박하고 어떤 질서도 어떤 체계도 갖추지 못한 채 무거운 덩어리로, 마찬가지로 이 안에서 서로가 서로에게 으르렁대는 만물의 씨앗[원자]들이 한데 뒤엉켜 있다네. - 오비디우스, 『변신 이야기』 제1권 5~9행

오비디우스가 『사물의 본성에 관하여』를 어느 깊이로 참조했

는지는 문헌학적으로 검증해야 할 물음이다. 하지만 오비디우스가 루크레티우스가 표방하는 유물론을 지지하는 것은 명백하다. 단적으로 오비디우스의 '카오스'는 모든 것이 뒤섞여 있는 '혼돈'을 뜻하고, 따라서 태초의 우주는 무질서하고 체계가 잡히지 않는 물질 덩어리이기 때문이다. 그에 따르면 우주는 신이 창조한 것이 아니다. 이런 생각은 미리 존재하는 무엇인가로부터 다른 형태의 무엇인가가 나온다는 생각, 다시 말해 '아무것도 없는 것에선 아무것도 나오지 않는다(ex nihilo nihil)'는 에피쿠로스(Epikouros, 기원전 342?~기원전 271)와 데모크리토스의 유물론적인 세계관에 그 뿌리를 두고 있다.

관찰과 추론으로 두려움을 몰아내라

결론부터 말하자면, 루크레티우스의 세계관은 무(無, nihil)로부터 세계를 창조한 유일신을 찬양하는 기독교의 세계관과는 근본적으로 다르다. 이런 이유에서, 『사물의 본성에 관하여』를 가장 혐오한 이들이 기독교의 교부들이었다. 심지어 자연과학에 대해서 호의적인 입장이었던 예수회조차도 루크레티우스에 대해서는 치를 떨 정도였다. 다음은 17세기 이탈리아 피사 대학교의 예수회 소속 젊은 성직자들의 기도문이다.

원자로부터는 아무것도 나오지 않는다네. 세상의 모든 물체는 그 형태의 아름다움 속에서 빛나니, 이런 물체들 없이는 세상은 단지 거대한 혼란일 뿐이라. 태초에 신께서 이 모든 것을 만드셨고 만드신 것이 또 뭔가를 낳으니, 아무것으로부터도 나오지 않는 것은 아무것도 아님을 유념하라. 오! 데모크리토스여, 당신은 원자로부터 시작해서는 어떤 다른 것도 만들지 못하노라. 원자는 아무것도 만들지 못하고 따라서 원자는 아무것도 아니어라. - 『1417년, 근대의 탄생』, 313~314쪽

이 구절을 아침마다 암송했다고 한다. 이런 이유에서 참으로 오랜 시간이 흘러야 했을 것이다. 『사물의 본성에 관하여』가 수도원의 포도주 창고에서 발견돼 다시 빛을 보게 되기까지는 말이다. 포조(Poggio Bracciolini, 1380~1459)라는 문헌 사냥꾼이 독일의 풀다(Fulda) 수도원에서 이 책의 필사본을 발견한 해는 1417년이었다. 만약 이 필사본이 발견되지 않고 먼지 속으로 사라졌다면, 루크레티우스의 작품은 그 이름만 전해졌을 것이다. 『사물에 본성에 관하여』가 수도원의 포도주 창고에서 발견되게 된 데에는 책에 담긴 불온한 내용이 결정적인 이유였다. 서양 고전 문헌들 가운데에는 이처럼 텍스트가 전하는 내용의 위험 때문에 이른바 '책 자체가' 사라진 경우도 많고, 그중 일부분이 삭제된 경우도 많은데, 그 대표적인 경우가 위-롱기누스(Ps. Longinus, 서기 1세기)의 『숭고론(De Sublimitate)』이다. 어찌 되었든, 『사물의

본성에 관하여』도 비슷한 운명에 처했지만, 운명은 문헌의 생존을 허락했다.

만약 이 필사본이 포조에 의해서 발견되지 않고 먼지 속으로 사라졌다면, 세계의 모습은 과연 어떻게 되었을까? 이에 대해서는 아무도 확답할 수는 없을 것이다. 한 가지 분명한 사실은 『사물에 본성에 관하여』가 세계를 근대화시키는 데 큰 역할을 했다는 것이다. 특히 계몽주의 시대로 길을 여는 불을 밝힌 책이 『사물에 본성에 관하여』이었기에. 루크레티우스의 이런 말로 말이다.

> 정신에 자리 잡은 종교에 두려움과 어둠을
> 태양의 빛과 낮의 빛나는 햇살이 아니라,
> 자연의 관찰과 추론으로 몰아내야 한다.
> ─『사물의 본성에 관하여』, 제1권 146~148행

흥미로운 점은 관찰과 이성을 중시하는 루크레티우스의 객관적인 시선이 예컨대 독일 계몽주의 철학자인 크리스티안 볼프(Christian Wolff, 1679~1754)에게서도 발견된다는 것이다. 요컨대 볼프의 유명한 선언 "[이성]이 사물의 무게를 구별한다(discernit pondera rerum)"에서 언급된 '사물의 무게'라는 언표는 루크레티우스가 자주 사용했던 전문 용어이다. 물론 볼프가 에피쿠로스의 유물론을 계승한 것은 아니다. 단적으로 '사물의 무게를 구

별한다'의 주어가 '이성'이라는 점에서 알 수 있듯이, 볼프는 독일 관념론을 대표하는 철학자였기 때문이다. 사정이 이러함에도, 옆의 그림은 볼프의 합리주의 정신이 마치 루크레티우스의 생각을 이어받은 것으로 보이도록 만든다.

○ 볼프의 "[이성]이 사물의 무게를 구별한다(discernit pondera rerum)"라는 언표가 찍힌 책(독일 드레스덴 대학교 도서관)

그림에서 눈여겨보아야 할 것은 자연을 관찰하고 재고 있는 저울이다. 자연도 이제는 신앙의 힘이 아닌 이성의 힘으로 접근할 수 있다는 선언인 셈이다. 그런데 이성의 힘의 실체란 무엇인가? 그것은 다름 아닌 관찰하고 계산하며 추론하는 능력이다. 즉, 수학적 계산 능력이다. 이 능력을 강조한 이가 앞의 인용에서 확인할 수 있듯이 실은 루크레티우스였다.

그렇다면 우연일까? 그림에서 태양이 보이지 않고, 검은 구름 아래를 비추는 빛이 저울이라는 점이 말이다. 내 짐작에, 볼프의 저 그림은 정확히 루크레티우스의 생각을 반영한 것으로 보인다. 물론 문헌학적으로 엄밀한 검증이 요청되기에 일단은 짐작 정도로 놓아두겠다. 아무튼, 그림의 묘사와 루크레티우스의 주장이 내용적으로 너무도 유사하다는 점은 부인할 수 없다. 존재론적인 관점에서 볼프가 관념론을 견지하고 루크레티우스가 유물론을 표방했다는 점에서 이 두 철학자들 사이에 차이가 있음은 분명하다. 그럼에도 적어도 한 가지 공통점은 분명하다. 다름 아닌 그들이 종교로부터 학문과 사상의 자유를 추구했다는 점이다. 볼프의 선언이다.

> 철학에 자유가 보장되지 않는다면 앎의 어떤 진보도 가능하지 않다. - 『이성 철학 혹은 논리 철학』, §169

이 선언은 『인간 이성이 지닌 힘에 대한 이성적인 생각과 진리 인식을 위한 올바른 사용법』의 표지에 수록된 그림 안에 새겨진 것이다. 선언은 볼프가 1728년에 행한 것이다. 이때는 중국의 실천 철학을 옹호하는 연설을 했다가 당시 경건주의자들에 의해서 무신론의 혐의를 뒤집어쓰고 할레(Halle) 대학교에서 추방되어 마르부르크(Marburg) 대학교에서 지내던 시기였다. 따라서 볼프의 이 선언이 교회의 간섭으로부터 철학과 학문의 자유를 지키려는 의지를 반영한 것임은 분명하다. 이런 점에서 볼 때에 종교에 대해서 루크레티우스가 보였던 혐오감 정도는 아니지만, 학문의 자유를 획득하려는 볼프의 기본적인 생각은 큰

틀에서 볼 때에 루크레티우스의 합리주의 노선을 따르고 있는 것으로 보인다. 그도 그럴 것이, 뉴턴(Isaac Newton, 1642~1727)과 같은 자연과학자들에게 가장 큰 영향을 끼친 책이 『사물의 본성에 관하여』였기 때문이다. 자연을 재고 계산할 수 있다는 생각, 그런데 그것의 원천적인 힘이 이성이라는 생각이 계몽주의의 근간을 이루었던 것이고, 그 계몽주의는 바로 신앙의 절대적인 복종이 아닌 이성의 합리적인 해명에 기초해서 세계를 설명할 수 있다는 인식론적인 전환에서 시작된 정신 운동이었다. 그런데 이 운동에서 가장 큰 활약을 했던 이들이 자연과학자들이었다. 이와 관련해서 루크레티우스의 『사물의 본성에 관하여』가 계몽주의의 확산에 지대한 영향을 행사했다는 사실은 굳이 부연할 필요가 없을 것이다. 이런 이유에서, 교회는 자연과학자들에게 노골적으로 반감을 표명했고, 앞에서 소개한 예수회의 기도문에서 살펴보았듯이, 교회는 『사물에 본성에 관하여』를 금서로 취급했다. 물론 여기에는 『사물의 본성에 관하여』의 내용 때문만은 아니었다. 실은 루크레티우스에 감동한 예컨대 볼테르(Voltaire, 1694~1778)나 홉스(Thomas Hobbes, 1588~1679)와 같은 계몽주의 사상가들이 아예 대놓고 반(反)종교 운동을 펼쳤기 때문이었다. 각설하고, 이성과 합리성을 모든 행위의 원리이자 기준으로 삼는 서양의 근대는 이렇게 시작했다. 요즘이야 근대의 합리성을 의심하는 사람이 많지만 말이다. 이런 의미에서 『사물의 본성에 관하여』는 당대 집단에 충격을 가한 책이 아니다. 오히려 시대를 넘어 새로운 시대를 만든 책인 셈이다. 그렇다면 루크레티우스는 도대체 무슨 생각에서 이런 문제작을 지었을까?

물론 루크레티우스의 생각에 대한 원천적인 저작권은 에피쿠로스에게 있다. 하지만 에피쿠로스의 생각을 가장 고스란히 전하는 문헌은 『사물의 본성에 관하여』이고, 이를 지은 이는 루크레티우스이다. 이에 루크레티우스의 생각을 소개한다. 그는 번잡하고 심지어 생명의 위험을 감수해야 하는 정치 활동에는 일체 참여하지 않고, '숨어 사는(lathe biosas)' 은둔의 삶을 즐기면서 학문에 몰두했다. 『사물의 본성에 관하여』가 탄생할 수 있었던 것은 아마도 이런 생활 덕분일 것이다. 하지만 이 때문에 욕도 먹어야 했다. 정치에 참여하지 않는다고.

그의 반박은 이렇게 재구성될 것이다. 모든 운동은 언제나 연결돼 있다. 새로운 운동이 고정된 순서에 따라 이전 운동으로부터 생겨나기 때문이라 생각하는 사람이 있다. 대개 이른바 기계론적 과학주의 세계관을 가진 사람이 이런 입장을 취한다. 이것이 이른바 운명론이다. 이에 대해 인과의 사슬로 짜인 운명의 고리를 깰 수 있으며 무한한 이전의 원인으로부터 일탈이 가능하다는 게 루크레티우스의 생각이다.

그는 이 일탈을 이끄는 원리가 쾌락의 힘이라 주장한다. 쾌락이라는 최고 목적 때문에 인간은 정해진 노선을 일탈할 수 있으며, 여기에서 자유의지가 생겨난다고! 쾌락을 최고 목적으로 보았을 때 이를 방해하는 일체의 인위적인 제도는, 예컨대 종교는 인간의 자유의지를 제약하는 장치에 불과하다는 것이다. 그런데 현대적인 관점에서 보면, 이런 자유의지를 가지는 존재가 개인이다.

개인은 대체될 수 없는 존재

반전은 여기서부터다. 그에 따르면 원자는 '더 이상 쪼개지지 않은 무엇'이다. 그리스어로는 '아토모스(atomos)', 라틴어로는 '인디비두움(individuum)'이다. 그리스어 '아토모스'는 근대에 와서는 자연과학의, 특히 화학의 핵심 개념으로 자리 잡는다. 원자가 그것이다. 반면 라틴어 '인디비두움'은 법철학과 이른바 사회과학의 핵심 개념으로 자리 잡는다. 개인이 그것이다. 따라서 눈길을 끄는 것은 라틴어 번역이다. '더 이상 쪼개지지 않는 무엇'의 정의를 인간에게 적용하고, 그 극한을 수렴해보자. 한 사회 속에서 더 이상 쪼개지지 않는 것, 다시 말해 다른 것으로 대체되지 않는 것을 추적하면, 결국은 그것은 곧 개인이기 때문이다. 이렇게 해서 다른 무엇으로도 대체될 수 없는 존재인 개인이 탄생한다. 인권 개념도 이를 바탕으로 성립한다. 이 인권 개념은 나중에 국권에 의해서도 대체될 수 없는 개념으로까지 상승한다.

여기까지가 국가 개념과 대립적 지평에서 동등성과 대등성을 갖는 개인 개념의 성립 과정에 대한 이야기다. 역사는 참으로 역설적이다. 가장 비정치적인 것이 가장 정치적인 것이기에! 정치로부터 가장 멀리 거리를 취하려 한 철학자의 생각이 실은 정치의 가장 중요한 중심을 차지하기에 말이다. 이와 관련해서는 프랑스혁명 이후 근대의 모든 정치 운동이 개인의 자유와 인권의 확립을 위한 투쟁이었다는 사실 정도만 언급하자.

8. 시대의 부름을 받은 고전들

구텐베르크(Johannes Gutenberg, 1400?~1468)가 인쇄기를 발명한 해는 1439년이다. 덕분에, 책들이 대량으로 생산되고, 지식의 대중화가 가능해졌다. 책의 보급은 고립 단위로 단절된 유럽의 도시와 지역을 하나의 문화 공동체로 묶기 시작한다. 또한 인쇄소가 있는 곳에 대학이 서고 연구도 활발하게 진행된다. 그 결과, 서양은 새로운 정신과 새로운 삶의 방식이, 정치적으로 민주주의가, 경제적으로 산업화와 시장경제가, 문화적으로 개인의 발견이, 사회적으로 시민사회가 등장하게 된다. 가히 문명사적인 전환이라 하겠다.

작은 사랑에서 시작된 시대의 전환

여기까지 오는 과정이 그리 녹록한 것은 아니었다. 여느 역사가 그러하듯이, 시작은 미약했다. 단지 아주 작은 사랑에서 시작했기 때문이다. 페트라르카(Francesco Petrarca, 1304~1374)의 한 편지다.

예전에 당신(퀸틸리아누스)의 이름을 들었소이다. 당신에 대한 글도 읽었소이다. 그리고 도대체 당신이 날카로운 지성의 소유자로 칭해지는데, 그것이 도대체 무엇에 근거하는 것인지 의아해하곤 했지요. 그러다가 뒤늦게 당신의 비범함을 알게 되었나이다. 갈기갈기 찢기고, 아! 상처로 덮인 『수사학 교육』이 나의 손에 도착했소이다. 모든 것을 황폐케 해버리는 시간의 힘을 인정하지 않을 수 없었소. 그리고 나에게 이렇게 말했지요. "시간이여 너는 네가 늘 그렇게 하듯이 그렇게 행하는구나. 너는 어떤 것도 지켜주지 않는구나, 너는 재물을 바쳐야만 믿음을 주는구나. 오! 게으르고 오만 방자한 시간이여! 너는 저 위인들을 나에게 되돌려 보내는구나, 가장 나태하게 돌보면서! 오, 아무것도 낳지 못하는 그리고 흉악스러운 시간이여, 그토록 배우고 쓸 것이 많은 이 문헌들을 더 알아볼 수 없도록 만들어놓아 버렸구나. 너는 이 작품만이라도 나에게 온전히 넘어오도록 하는 일조차도 어렵게 만들었구나." 그럼에도 이 책으로나마 내(아마도 페트라르카)가 당신(아마도 퀸틸리아누스)에 대해서 바른 판단을 내릴 수 있게 되어 다행이오. 한참 동안 나는 당신에 대해서 오해하고 있었소이다. 오해에 종지부를 찍게

됨을 고맙게 생각하오. 나는 비록 여기저기 풀어헤쳐졌지만, 그렇지만 아름다운 몸을 보았소. -『서간』, 제24권 7서한

오해의 발단은 이렇다. 동로마의 수도 콘스탄티노플에서 태어났고 문헌 사냥꾼인 필렐포(Francesco Filelfo, 1398~1481)가 1440년 7월 10일자 밀라노의 귀족 프란체스코 스포르차(Francesco Sforza, 1401~1466)에게 보낸 편지에서 다음과 같이 말한다.

> 잘 모르겠지만 그의 문체는 스페인풍입니다. 이는 분명히 미개한 것에 속하는 것입니다. (중략) 퀸틸리아누스는 말을 통해서 감동을 주지도 못하고, 뭔가를 속 시원하게 가르쳐주는 것도 아니고, 그렇다고 즐거움을 주는 것도 아닙니다.

퀸틸리아누스를 거의 야만인으로 취급하고 있다. 필렐포는 수사학의 전문 용어(movere, docere, delectare)를 이용해 퀸틸리아누스의 문체와 어투를 싸잡아 비난한다. 과연 이 비난과 폄하가 정당한 것일까? 이를 어찌 해명해야 할까? 이런 해명이 가능할 것이다. 그러니까 필렐포가 읽은 퀸틸리아누스의 『수사학 교육』은 구체적인 연설이 아니고 이론적인 서적이기에 재미가 없었을 것이다. 그도 그럴 것이 『수사학 교육』이 실은 수사학을 배우는 학생을 위한 초급 교재가 아니라 수사학 교사를 위한 일종의 고급 문헌이었다. 문체와 내용 구성 자체가 일반 산문, 특히 연설

문과는 거리가 먼 작품이다. 즉, 연설 현장에서 듣고 감동하고 즐기며 뭔가를 통쾌하게 배우기에는 너무나도 부적합한 작품이다. 오히려 차분히 하나씩 하나씩 따져나가면서 분석하면서 읽어야 하는 문헌이기에. 따라서 필렐포의 비난은 이론가이자 학자가 아니라 연설가로서의 퀸틸리아누스를 염두에 둔 탓에 생겨난 오해이다. 어쩌면 퀸틸리아누스에 대한 페트라르카의 오해도 필렐포 편지의 영향을 받은 탓일 수도 있다. 어찌 되었든 페트라르카도 필렐포처럼 처음에는 퀸틸리아누스에 대해서 부정적인 생각을 가졌다. 심지어 퀸틸리아누스에 대한 사람들의 높은 평판을 의심했다. 그러던 중에 페트라르카는 『수사학 교육』 책의 원문을 직접 접하게 된다. 그가 읽은 판본은 파리본 7719이다. 앞에서 소개한 편지는 페트라르카가 이 판본을 읽고 난 뒤에 자신의 이전 생각이 잘못된 것임을 밝히는 내용이다. 흥미로운 점은 페트라르카가 자신의 잘못을 시간 탓으로 돌린다는 것이다. 여기에서 페트라르카가 퀸틸리아누스에 대해서 오해를 품게 된 원인이 더욱 구체적으로 드러난다. 그것은 다름 아닌 그가 접할 수 있었던 『수사학 교육』의 텍스트가 부분적이었고, 그것도 문헌 전승 과정 중에 텍스트가 뒤섞이고 그래서 심하게 오염된(codices mutiles) 탓이었다.

그토록 구애를 했음에도 페트라르카는 온전하게 전해진 퀸틸리아누스의 『수사학 교육』 전체를 전하는 필사본을 끝내 만나지는 못한다. 페트라르카가 그토록 보고 싶어 했던 『수사학 교육』전 12권의 발견은 콘스탄츠 회의(1414~1418)가 열리는 중에 이뤄진다. 요하네스 휘스(Johannes Hus, 1372~1415)의 화형을 결정했고 교황 요한네스 22세의 퇴위와 마르티누스 5세 선출 문제를 논의했던 이 회의에 문헌 사냥꾼이었던 포조가 마르티누스 5세의 비서로 참석한다. 이때 포조는 교황 비서로서의 역할보다는 문헌 추적에 더 관심이 있었다. 이 관심사를 해결하기 위해 그는 회의 도중 주변 지역을 자주 여행하였다. 이 문헌 추적 여행 중에서 그가 방문한 곳이 상갈렌(Sant Gallen) 수도원이었다. 당시 상갈렌의 수도원의 원장과 수도사들은 세속의 문헌 판본들에 대해서 전혀 관심을 보이지 않았다. 이런 이유에서 세속의 문헌 판본들이 마대에 담겨져 먼지와 곰팡이, 거미줄로 가득 찬 보관 창고에 내던져져 있었다. 이 먼지 더미에서 마침내 『수사학 교육』전 12권을 전하는 판본이 발견되었다. 역사적 순간이었다. 이 판본은 토리노 대학교 도서관(Turicensis 288)에 소장되어 있다. 하지만 포조는 자신이 발견한 문헌 판본들 중에 퀸틸리아누스의 『수사학 교육』판본에 대한 가치를 전혀 몰랐다. 판본의 가치를 제대로 알아본 사람은 그의 친구 레오나르도 브루니(Leonardo Bruni, 1369~1444)였다. 포조는 상갈렌 수도원 창고에서 발견한 문헌 판본들에 대한 편지를 니콜로 디 니콜리(Niccolo di Niccoli, 1363~1437)에게 보낸다. 이 편지(1416년 11월 13일자 편지)를 읽게 된 브루니는 판본 중에 퀸틸리아누스의 책이 들어 있음을 확인하고, 그 기쁨을 이렇게 표현한다.

나는 우리 친구 니콜리 집에서 최근의 여행과 몇 권의 책 발견에 대해 알려 왔던 자네의 편지를 읽었네. (중략) 그러나 자네가 찾아낸 것이 실은 자네가 생각하고 있는 것보다 훨씬 귀중한 보물임을 알아야 할 것이네. 왜냐하면 갈기갈기 상처 입고 온몸이 풀어헤쳐진 퀸틸리아누스가 자네 덕분에 자신의 몸을 온전하게 자기 스스로 치유하고 복원해낼 수 있을 것이기 때문이네. 책들의 제목들을 읽었네. 지금까지 전해져 온 것은 거의 절반 이상을 상실한 것이고 그것도 상처로 가득 찬 판본인 반면에, 자네가 찾아낸 것은 온전하게 전체가 보존된 것일세.

이렇게 발견된 퀸틸리아누스의 『수사학 교육』은 1470년 로마에서 처음으로 책(editio princeps)으로 인쇄-출판된다. 이어 1471년 베네치아 출판본이, 다음으로 1514년과 1521년에 알디나(Aldina) 출판본이 뒤를 따른다. 이어서 수많은 문헌학자들에 의해서 편집되고 번역되고, 이에 대한 주해서가 지어지고, 아울러 수많은 작가들과 사상가들, 그리고 정치가들의 입과 손을 통해서 인용되고 참조되고 교육된다. 이런 과정을 통해서 『수사학 교육』은, 아니 퀸틸리아누스는 다시 서구 근세와 현대 역사에, 특히 수사학과 문헌학과 교육의 현장에서 다시 부활한다.

눈여겨볼 점은 페트라르카가 이런 종류의 편지를 퀸틸리아누스에게만 보낸 것이 아니라는 것이다. 지하 세계에 있는 호메로스, 키케로, 리비우스, 세네카, 베르길리우스, 호라티우스 등과 같이 이른바 이름값이 나가는 모든 시인들과 작가들에게 구애 편지를 날렸기 때문이다. 참고로, 이런 종류의 편지를 그는 에피스툴라이 오르치(Epistulae Orci)라고 부른다. 우리말로 옮기면 '지하 세계로 보내는 서신' 정도이다. 각설하고, 중세 신본주의 시대에서 르네상스의 인문주의 시대로의 거대한 역사적인 흐름의 전환도 어쩌면 이런 작은 사랑에서 시작된 셈이다.

옛 시대의 부름을 받고 올 시대를 예비한 사람

고전이 시대의 부름을 받는 것과 관련해서 꼭 불러주어야 할 이름이 하나 있다. 고전을 되살리는 일에 그만큼 열심이었던 사람도 없기 때문이다. 알두스(Aldus Manutius, 1452~1516)는 출판가였다. 그가 1494년 베니스에 작은 출판사를 세운다. 사훈(社訓)은 "천천히 서둘러라(festina lente!)"였다. 이 기치를 내걸고서 출판사는 고전들을 '천천히' 펴내기 시작한다. 시작은 더디어졌지만, 나중에는 출판사가 펴낸 책들이 소개할 수 없을 정도로 많았다.

대표적으로 호메로스, 헤시오도스, 플라톤, 아리스토텔레스, 아리스토파네스, 필로스트라토스, 투키디데스, 소포클레스, 헤로도토스, 에우리피데스, 데모스테네스, 아이소포스, 플루타르코스, 호라티우스, 살루스티우스, 카이사르, 키케로, 핀다로스,

칼리마코스, 헤시키우스, 퀸틸리아누스, 수단 사전, 카툴루스, 티불루스, 프로페르티우스, 루카누스, 겔리우스, 루크레티우스, 루키아누스, 수에토니우스, 스트라보, 오비디우스를 들 수 있다. 이들이 다름 아닌 과거의 세계에서 미래의 세계를 예비하기 위해 시대의 부름을 받고 출판이라는 새로운 매체를 타고 지하 세계에서 지상 세계로 되살아난 저자들이다.

이들의 작품을 한국에서도 쉽게 구입할 수 있게 된 것도 어쩌면 알두스 덕분일지도 모르겠다. 그것도 원전으로 말이다. 그가 출판한 책들이 모두 최초의 인쇄 출판본인 초판본(editio princeps)들이기 때문이다. 다시 말해, 알두스의 정본들이 나오기 전에는 유럽에도 믿을 만한 책들을 구입은커녕 구경도 할 수 없었다는 소리다.

여기에서 더 주목해야 할 점은, 위의 책들 대다수가 그리스어 원전들이라는 사실이다. 당시 유럽의 교양 수준을 고려해볼 때, 그리스어 원전을 출판하는 것은 큰 모험이었다. 하지만 알두스는 여기에서 승부수를 던진다. 아무도 읽지 않을 것이라는 주변의 예상과는 달리, 출판은 이른바 '대박'을 치게 된다. 원래 사업은 이런 것일지도 모르겠다. 요즘 기준으로 보면, 이 책들은 상업적으로 성공할 만한 것들이 아니었다. 그런데 이 대박의 비결은 도대체 무엇일까. 네 가지 정도다.

첫 번째 비결은 알두스가 문헌 편집을 전문가에게 의뢰했다는 데에서 찾을 수 있다. 예컨대 1509년에 출판된 『그리스의 수

사학자들』 경우, 수사학자인 무수루스(Marcus Musurus, 1470~1517)라는 학자에게 맡긴다. 책의 오류를 줄이기 위해서다. 이를 위해서, 그는 판본 비교를 통해서 철저한 검증과 고증을 거친 책만을 출판했다. 이런 과정을 거친 책들이 독자의 신뢰와 사랑을 받는다는 것은 당연한 일이었을 것이다. 이렇게 판본 비교에 근거해서 만든 알두스의 책들은 출판 과정에서 생겨날 수 있는 오류들 때문에 들어야 했던, 당시 지성인들의 비난과 오해를 극복할 수 있게 된다.

구텐베르크가 인쇄 사업에서 실패하게 된 것도 실은 출판본에 있는 오류들 때문이었다. 필사본의 경우, 한 번 실수에서 하나의 오류만 생겨나지만, 책의 경우, 한 번 실수는 책을 찍는 부수만큼 생겨나기 때문이다. 출판의 이런 구조적인 약점을 잘 알고 있던 알두스는 이를 해결하기 위해서 많은 노력을 기울였다. 예컨대 많은 학자와 전문가를 자신의 집에 초대했고, 이렇게 모인 학자들을 중심으로 '연구회(sodalitas)'를 결성했다. 암스테르담의 에라스무스(Desiderius Erasmus, 1466~1536)와 프랑스 왕립학사인 기욤 뷔데(Guillaume Budé, 1468~1540)도 이 연구회의 회원이었다. 참고로 뷔데는 파리의 뷔데 출판사를 세운 사람이다.

두 번째 비결은 책값의 인하였다. 알두스가 펴낸 책의 가격은 예를 들면 1495~1498년에 완결된 아리스토텔레스 전집의 가격이 11두캇(ducat)이었고, 개별 책들은 1.5에서 3두캇 사이에서 거래되었다. 참고로, 르네상스 시대 베니스에서 통용되었던 1두캇은 요즘 미화 시세로 대략 26달러에 해당한다. 당시 임금 수준을 고려할 때에 이 가격이 결코 낮은 것은 아니다. 하지만 지식욕에 굶주렸던 사람들에게 이는 결코 높은 것은 아니었다. 알두스는 이를 사업적으로 잘 활용했다. 그는 일종의 '저가 판매' 전략을 채택하는데, 이 전략은 적중했고, 출판사도 상업적으로 대성공을 거두었다. 알두스는 책의 제작 비용을 낮추고 운반의 효율성을 높이기 위해 책의 크기를 줄였다. 누구나 호주머니에 책을 넣고 다니면서 읽게 만들기 위해서였다. 이른바 '문고본'의 기원이 여기에서 유래한다.

세 번째 비결은 '소비자'의 욕구를 정확하게 파악했다는 데서 찾을 수 있다. 향신료가 팔리는 곳이면 책도 팔린다는 말이 있다. 상업적으로 성공했지만 졸부라는 소리를 듣던 당시 신흥 상업 세력의 지적 욕구는 대단했다. 경제적 능력에 비해 그들은 사회적으로 낮은 대접을 받았기 때문이다. 제대로 대접을 못 받고 있다는 사실이 그들에게는 언제나 불만이었다. 이런 불만과 지식에 대한 욕구를 정확히 파악한 것이 알두스가 성공할 수 있었던 이유였다. 하지만 이런 졸부들도 단지 책이 쉽고 말랑말랑하기 때문에 구입하지는 않았다. 누구나 다 아는 이야기면 굳이 책을 사 볼 필요가 없기 때문이다. 누구든 돈을 주고 뭔가를 구입할 때는 오래가는 것, 믿을 만한 것, 즉 정본을 가지려 하기 때문이다.

이 문제와 관련해서 알두스도 신경을 전혀 쓰지 않은 것은

○ 단테의 『신곡』 서문. 독자들이 글을 쉽게 읽을 수 있도록 알두스가 개발한 이탤릭 서체를 사용했다.

아니다. 그는 내용뿐만 아니라 책 자체를 구입하도록, 그러니까 책 자체가 상품이라는 사실을 꿰뚫어 보았는데, 이것이 그의 대박에 담긴 마지막 비결이었다. 물론 책을 편하게 읽도록 도와주려는 목적도 있었지만, 책을 한번 보면 사지 않을 수 없도록 만들자는 전략이었다. 이를 위해 그는 눈에 잘 들어오면서도 아름다운 서체를 개발했는데, 그 서체가 이탤릭체다.

물론 알두스가 최초의 출판업자는 아니었다. 최초의 출판업자는 독일의 구텐베르크였다. 그가 출판사를 처음 차린 곳은 마인츠 지역 근처의 스파이어였다. 그리스어 자판을 처음 개발한 사람도 프랑스의 니콜라 장송(Nicolas Jenson, 1402~1480)이었다. 그러나 알두스가 성공할 수 있었던 것은, 새로운 시대의 도래를 예감하고, 시대의 전환에 적극적으로 대응해나갔다는 점일 것이다. 여기에는 그의 사업가적 기질과 도전 정신도 한몫 거들었다.

그가 거둔 성공의 배경에는 더 근본적이고 더 결정적인 힘이 있었다. 바로 사랑이었다. '인문 사랑(studia humanitatis)', '책 사랑(philobiblia)', '고전 사랑(philologia)'이었다. 아무리 뛰어난 사업가라 할지라도, 제아무리 재력가라 할지라도, 사랑(philia)이 없었다면, 그의 성공은 불가능했을 것이다. 일단 뛰어난 학자들도 그에게 오지 않았을 것이고, 따라서 누구나 믿고 참조하는 정본도 탄생할 수 없었을 것이기 때문이다. 만약 알두스가 그때 책들을 출판하지 않았다면, 그 이후의 세상은 어떠했을까.

9. 고전, 어떻게 읽을 것인가

플라톤은 자신이 기획한 '좋은 나라'에서 시인을 추방한다. 이유는 무엇일까. 플라톤이 '시인 추방론'을 본격적으로 논의하는『국가』제3권의 시작 대목이다.

> 장차 신을 경배하고, 부모를 공경하며, 서로 간의 우정을 가볍게 여기는 일이 없도록 도모해야 할 사람이 신에 대해서 어릴 적부터 들어야 할 이야기와 듣지 말아야 할 이야기는 다음과 같네. -『국가』제3권 386a

단적으로, 플라톤은 '듣지 말아야 할 이야기'의 대표적인 사례로 올림포스의 주신 제우스가 다음과 같이 묘사되는 장면을 꼽는다. 먼저『일리아스』의 해당 장면이다.

> 헤라를 보는 순간 제우스의 현명한 마음을 애욕이 사로잡았

○ 플라톤은 제우스와 헤라의 정사를 비판한다. (제임스 배리, 「이다 산 위의 제우스와 헤라」, 1790년대, 셰필드 시립 미술관)

다. 둘이서 부모님 몰래 잠자리로 가서 처음으로 사랑의 동침을 하던 그때처럼. (중략) 헤라에게 구름을 모으는 제우스가 이렇게 답했다. '헤라여! 신들이나 인간들 중 누가 볼까 두려워 마시오.' (중략) 이렇게 말하고 크로노스의 아들은 아내를 품에 안았다. ─『일리아스』, 제14권 299~346행

요즘 같으면, 19금 등급을 맞고서 안개 처리 됐을 장면이다. 바로 이 장면에 대한 플라톤의 해석이다.

제우스를 이런 식으로 묘사하는 것이, 즉 다른 모든 신과 인

간이 잠자고 있는데 제우스만 홀로 깨어나서 온갖 궁리를 하더니, 이 모든 궁리를 욕정 때문에 곧장 망각해버리고, 헤라를 보자마자 정신 줄을 놓고서는 침실로 갈 생각도 하지 않고 바로 그 자리에서 헤라와 땅바닥에서 뒹굴며 성교를 나누고 싶은 욕정에 사로잡혔다는 표현은, 물론 사랑하는 부모 몰래 젊은 연인이 서로를 처음으로 침실에서 껴안고 뒹굴었을 때에도 그렇게는 하지 못했을 정도의 욕정에 사로잡혔다는 표현은 적합한 묘사는 아닐 것이네. -『국가』 제3권 290 b~c

나쁜 교육은 나쁜 나라를 만든다

사정이 이와 같다면, 플라톤의 비판이 그리 과한 것은 아닐 것이다. 적어도 아이들에게 읽히기는 곤란하기에. 이것이 플라톤이 시인에게 혹독한 결정을 내린 이유였을 것이다. 그런데 고대 그리스 아이들의 교육에 사용됐던 '주 교재'는 호메로스의 서사시였다. 여기에서 잠깐! 『일리아스』나 『오디세이아』는 원래 아이의 교육을 위해 지어진 것이 아니었다는 점에 주의해야 한다. 원래는 성인용 이야기였다. 이런 까닭에, 호메로스에는 아이들의 교육에 부적절한 내용도 많이 포함돼 있다. 따라서 호메로스가 아이들의 교육에 적합한 텍스트는 아니었다.

아이들의 교육에는 아이소포스의 우화가 더 적합한데, 이 대목에서 소크라테스가 그의 우화를 운문으로 고쳐 지은 것도 결코 우연은 아닌 셈이다(『파이돈』 60c~d). 어쨌든, 플라톤에게 교육은 '좋은 나라'를 만드는 데 가장 중요한 방법 가운데 하나였다. 이런 그였기에, 흡수력이 높은 아이들이 호메로스를 그냥 듣고 즐기는 정도에 그치는 것이 아니라, 아무런 비판 없이 그대로 받아들이고 그대로 흉내 내며 따라 하도록 놔둘 수는 없었을 것이다. 플라톤의 성토다.

> 자유인은, 자유인에게 어울리는 것들, 즉 용기와 절제와 경건과 자유인다움을, 이 모든 것들을 바로 어릴 때부터 모방해야하네. 반면 그 어떤 창피한 짓도 모방하지 말아야 하며, 이런 걸 모방함에 능숙한 사람이 돼서도 안 되네. 이는 모방으로 인해 이들이 그런 사람이 돼버리는 일이 없도록 하기 위함일세. 행여 자네는 모방이 젊은 시절부터 오래도록 지속되면, 몸가짐이나 목소리 혹은 사고방식에서도 마침내는 습관으로, 나아가 성향으로 굳어져 버린다는 사실을 아직 잘 모르고 있는 것은 아니겠지? - 『국가』, 제3권 395c~d

이상이 플라톤의 시인 추방론에 대한 소개이다. 물론 플라톤의 시인 추방론은 아직도 논쟁 중이다. 내 생각은 이렇다. 얼핏 보면, 플라톤이 시인들 혹은 문학을 '좋은 나라'의 교육에서 철저히 배제하는 철인으로 보일 수도 있겠다. 물론 철학적으로는 좀 더 따져보아야 하겠지만, 분명한 것은 실제 인류 역사가 플라톤의 바람대로 흘러가지는 않았다는 사실이다.

책 읽기, 빠지지 말고 즐겨라

역설적이게도, 플라톤의 시인 추방론은 문학 비평의 효시가 됐고, '어떤 책을 읽혀야 하는지', 즉 고전 선정의 준거 기준으로 자리 잡는다. 이런 이유에서 문학에 대한 플라톤의 강경 노선은 공이 과보다는 더 크다 하겠다. 따라서 플라톤의 강경 노선에 대해서 인정해야 할 점은 인정해야 한다는 게 내 생각이다. 하지만 문제는 정작 다른 데서 노출된다. 이에 대한 플루타르코스(Plutarchos, 46?~120?)의 말이다.

> 사정은 철학도 마찬가지다. 아무리 순수한 호의를 가지고 열성적인 태도로 철학을 듣고 배우려는 마음을 가지고 있다 할지라도, 실상은 이런 의도와는 무관하게 철학과는 무관하고 심지어는 아주 시시한 이야기들에서 더 큰 즐거움에 빠지게 되기 때문이다." - 플루타르코스, 「젊은이는 시를 어떻게 들어야 하는가」

부연하자면, 아이들 혹은 젊은이들이 본성적으로 혹은 기질적으로 노래와 이야기에 담긴 유혹에 쉽게 빠진다는 것이다. 아직은 자기 판단을 가질 수 있는 연령 대에 속하는 아이들의 경우 특히 그렇다는 것이다. 그런데 플루타르코스에 따르면, 즐거움은 근본적으로 나쁜 것이 아니다. 오히려 즐거움은 철학 공부에 도움이 된다. 다시 플루타르코스의 말이다.

> 영혼에 대한 철학의 이론들이 신화적인 이야기와 결합해서 논의될 때, 젊은이들은 즐거움을 통해 철학의 열망에 휩싸인다.
> ─「젊은이는 시를 어떻게 들어야 하는가」

인용에 따르면, 어떤 노래를 들어야 할지, 다시 말해서 어떤 책을 읽혀야 할지에 대한 플라톤의 고민은 이렇게 해서 그리 심각한 물음이 아니게 된다. 플루타르코스에 따르면, 어떤 것을 읽느냐가 문제가 아니라, 어떻게 읽느냐가 중요하기 때문이다. 요컨대 호메로스의 서사시가 제공하는 선정적인 장면에 담긴 쾌락은 위험하다. 하지만 이것 때문에 작품 자체를 금지해서는 안 된다는 것이 플루타르코스의 항변이다. 하지만 플루타르코스도 철학자였다. 즐거움을 그 자체로 인정해주지는 않기 때문이다. 그는 '분별과 절제'라는 안전장치(to soterion)를 제시한다. 그의 주장이다.

> 젊은이들은 먹고 마시는 즐거움에서 절제를 유지해야 하는 것

에 못지않게, 강의를 듣고 책을 읽는 과정에서도 그것으로부터 나오는 유익함과 안전함을 추구하는 습관을 길러야 한다. 마치 산해진미의 잔칫상에서 절제를 가지고 즐기듯이 말이다.
- 「젊은이는 시를 어떻게 들어야 하는가」

한마디로 책 읽기의 즐거움을 누리지만 빠지지는 말고 거리를 두며 읽으라는 주문이다. 저자 혹은 텍스트와 독자 사이에 팽팽한 긴장이 형성되는 순간인 셈이다. 이쯤 되면 책 읽기는 즐거움이 아니라 괴로움이 될지도 모르겠다. 책의 즐거움이 주는 유혹에 견디어야 하기에. 이런 이유에서였을까. 플루타르코스는 책 읽기에도 안전장치가 필요하다고 역설한다. 하지만 이는 물 위를 걸으면서 빠지지는 말라는 것과 같은 소리다. 사실, 신이 아닌 이상 불가능하다. 하지만 전혀 불가능한 것만은 아니다. 플루타르코스는 이를 실천하는 방안도 함께 제시하기 때문이다. 그 방안을 담은 것이 바로 「젊은이는 시를 어떻게 들어야 하는가」다.

책은 글 여행을 하는 중에 접하는 수많은 유혹들을 담고 있다. 또한 이것들을 극복하는 방안들도 소개한다. 예컨대 우화를 어떻게 해석해야 하는지가 그 한 사례일 텐데, 결론적으로 텍스트의 유혹에 빠지지 않으려면 '버티는 습관'을 기르는 것이 관건이라 한다. 한마디로, '빠지지 말고 즐기시오'라는 소리다. 어쩌면 이 지점에서 플라톤의 자유인과 플루타르코스의 자유인이 대별될 것이다. 이른바 유혹으로 이끄는 것 자체를 거부하는 길을 가야 한다는 것이 전자의 입장이라면, 유혹으로 이끄는 것 안에서 자신을 지키는 길을 찾아야 한다는 것이 후자의 입장이었기 때문이다. 아마도 책 읽기의 실제에서는 후자가 훨씬 더 어려웠을지도 모르겠다. 왜냐하면 이야기에는, 플라톤이 걱정했듯이, 읽는 이 혹은 듣는 이의 심지어 영혼까지 송두리째 앗아가 버리는 힘을 가지고 있기 때문이다. 이를 가장 잘 보여주는 증인이 오디세우스다.

> 자, 이리 오세요, 유명한 오디세우스여, 아카이오이족의
> 위대한 자랑이여! 이곳에 배를 세우고 우리 자매의 목소리를
> 들어보시오. 우리 입에서 나오는 달콤한 이야기를 듣기 전에
> 검은 배를 타고 우리를 지나간 사내들은 아직 아무도 없소.
> 일단 우리의 노래에 흠뻑 빠질 것이고, 많은 사실을 배우고
> 고향으로 돌아갈 것이오. 우리는 넓은 트로이에서 아르고스인
> 과 트로이인이 신들의 뜻에 따라 겪어야 했던 모든 고통을
> 잘 알고 있어요. 먹을거리를 넘치게 주는 대지에서 벌어진 모
> 든 사건도 잘 알고 있지요. ─『오디세이아』, 제12권 184~191행

세이렌이 오디세우스를 유혹하는 대목이다. 이야기의 힘이 얼마나 강력한지를 보여주는 장면이기도 하다. 얼핏 보기에 그리 유혹적이지도 강력하지도 않은 것으로 들릴 수도 있다. 물론 나

의 번역 탓일 수도 있다. 하지만 이야기에 얼마나 강력한 힘이 담겨져 있는지에 대한 증거를 굳이 멀리서 찾을 필요는 없을 것이다. 만화가 되었든, 텔레비전 드라마가 되었든, 무협지가 되었든 적어도 한 번은 날밤을 세워본 경험이 다들 있을 테니 말이다. 자신의 상품인 이야기의 힘에 대한 호메로스의 일종의 광고성 발언이다. 비록 키르케(Circe)의 입을 빌려서이긴 하지만 말이다.

> 모든 일이 그렇게 되었군요. 지금부터 내 말을 명심하시길.
> 이 말을 나중에 어떤 신이 당신에게 다시 또 하겠지만,
> 당신은 세이렌 자매에게 갈 것이오.
> 그녀들은 자기에게 다가오는 사람들을 모두 유혹해요.
> 누가 되었든 아무런 영문도 모른 채 가까이 다가가서 세이렌
> 자매의 목소리를 듣지요. 그러면 자기 아내와 어린 아이들은
> 그 사람을 집에서 볼 수도 그가 집에 돌아오는 것을 반길 수도
> 없게 되지요. 세이렌 자매가 초원에 앉아 달콤한 노랫소리로
> 유혹할 것이오. 세이렌 주변에는 온통 남자들의 썩어가는 뼈
> 들이 무더기로 쌓여 있소. 뼈를 감싸는 살갗이 말라들어 오그
> 라들지요. ─『오디세이아』, 제12권 36~46행

세이렌의 이야기를 듣고 집에 돌아간 사람이 아무도 없다고 한다. 한마디로 '조심하라'는 소리다. 가히 이야기의 힘이 세긴 센가보다. 이야기의 중독성에 대한 호메로스의 말을 더 들어보자.

당신은 얼른 그 옆을 지나가시오. 꿀처럼 단 밀랍을 이겨서
전우들의 귀에다 발라주시오. 다른 사람은 아무도 듣지 못하
도록 말이오. 원하면 당신은 들어보시오.

하지만 나무통에 돛대를 단단하게 고정시킨 후 동료로 하여
금 날랜 배 안에 그대의 손발을 단단하게 묶고, 돛대에 밧줄
의 끝을 동여매시오. 그러면 당신은 세이렌 자매의 목소리에
담긴 달콤함을 맛볼 것이오. 그러나 당신을 풀어달라고 동료
들에게 애원하고 명령할 것인즉, 그러면 그럴수록 동료들로 하
여금 당신을 더 단단하게 묶어달라고 하시오.

　　　－『오디세이아』, 제12권 47~54행

　귀는 열어놓되 몸은 단단하게 묶어두는 것 이외에 다른 방법
이 없다고 한다. 어쩌면 이것이 한 방법일 것이다. 책에 빠지지
않고 책을 즐기는 안전한 방법 말이다. 이런 의미에서 독자는 마
치 세이렌의 유혹에 저항하는 오디세우스일 것이다. 잘 읽지 않
아서 그렇지 제대로 읽으면, 사실 책 읽기의 즐거움만큼 영혼을
유혹하는 세이렌도 없기 때문이다.

　다 좋다. 그런데 세이렌이, 그러니까 이야기를 듣는 것이, 다
시 말해 책을 읽는 것이 도무지 유혹적이고 그래서 아직도 위험
할까? 도무지 세이렌보다도 훨씬 더 매혹적이고 더 위력적인 중
독물이 판을 치는 세상이기에 하는 말이다. 이런 의미에서, 플
라톤이나 플루타르코스의 걱정은 이제는 그야말로 기우에 불

○ **오디세우스를 유혹하는 세이렌!** (허버트 드래퍼, 「오디세우스와 세이렌」, 1909년경, 페렌스 미술관)

과할 것이다. 오히려 책을 안 읽어서 더 문제이기에. 아니 세이렌
곁으로 다가가려고도 하지 않기에 하는 말이다. 세이렌 곁을 지
나가는 일도 드물지만 설령 지나간다 해도 오디세우스 자신이
스스로 귀를 밀랍으로 막고 그냥 지나쳐버리는 것이 요즘 세태
이기에 하는 말이다. 어쩌면 '고전을 어떻게 읽을 것인가'에 대한
고민은 그 자체가 호사스러운 짓일지도 모르겠다. 단적으로, 세
이렌보다 '소녀시대'가 더 위력적인 시대를 우리가 지나가고 있
기에. 그렇다면, 이제는 더 이상 위험한 축에 끼이지도 않는 세
이렌에게 가까이 다가가도록 만드는 길부터 찾는 것이 더 시급
한 일이 아닐는지 싶다.

10. 왜 고전인가?

고전 교육의 기본 목표는 '좋은 사람(vir bonus)' 기르기이다. 퀸 틸리아누스의 말이다. 이는 동양에서도 통용되는 말이다. 동양 과 서양을 가로지르는 문제이기에 굳이 강조할 필요는 없을 것 이다. 문제는 어떻게이다. 여러 방식이 가능하다. 가정교육도 있 고, 학교교육도 있다. 그런데 가정교육은 전통적인 농경 사회에 서나 가능한 교육 모델이 아닌지 싶다. 현대 사회의 직업 구조가 아버지의 경험과 지식을 계승하는 것이 아니고, 이런저런 이유 에서 아버지가 교육적 모범이 되는 시대는 더 이상 아니기 때문 이다. 그러면, 학교교육은? 이는 더욱 심각하다. 단적으로, 시험 탓이다. 입시 체제의 중등교육과정에서 인성 교육을 요청하는 것은 나무에서 물고기를 낚으려는 짓일 것이다. 사정이 이와 같 다면, 도대체 '좋은 사람'은 어떻게 길러낼 수 있을까? 좋은 사람 기르기의 방안을 처음 제안한 퀸틸리아누스의 조언을 들어보는 것도 좋을 것이다. 그에 따르면, 교육은 모방이다. 좋은 사람은 좋은 사람을 모방하는 법이다. 문제는 모방할 만한 좋은 사람이 역사적으로 드물다는 것이다. 그런데 역사적으로 검증된 좋은 사람을 담고 있는 그릇이 책이다. 좋은 사람을 담고 있는 책이 바로 고전이다. 퀸틸리아누스의 말이다.

> 이런 까닭에 자신의 시대 사람들에 의해서 키케로가 당대 법정을 군림했고, 혹은 후대 사람들로부터 키케로라는 이름은 사람을 부르는 호칭이 아니라 연설의 대명사로 일컬어졌는데, 이는 결코 틀린 것이 아니다. 따라서 우리는 키케로를 우러러보아야 할 것이고, 이를 우리의 모범으로 삼아야 하며, 키케로를 몹시 따르고 싶은 마음을 가지게 된 자는 일단은 그것만으로도 자신이 진일보했다는 것을 알아야 한다. ─『수사학 교육』, 제10권 1장 112절

물론 성품이 착하고 온화한 사람이 좋은 사람이다. 하지만 좋은 사람은 개인적인 성품의 차원에서 그치지 않는다. 사람은 사회적 지위와 역할에 따라서 행해야 할 좋음이 있기 때문이다. 즉, 가족의 가장으로서, 조직의 리더로서, 국가의 수장으로서 행해야 할 좋음이 있다. 이는 개인 성품의 좋음만으로는 가능하지 않고 도덕과 윤리 차원의 좋음도 함께 중요시되고, 아울러 능력의 탁월함도 동시에 요청된다. 물론 여기에는 도덕과 윤리의 좋음도 함께해야 한다. 이런 이유에서 여러 차원에서의 좋

은 사람의 모방이 필요하다. 이것이 교육의 요체이다. 가족 범위의 모방 단계를 뛰어넘어 국가 사회 차원에서 그리고 인류사적인 차원에서 좋은 사람을 모방하는 방법은, 직접 대면하는 기회가 주어지는 것이 아닌 한, 대부분은 간접 경험을 통해서 접할 수밖에 없고, 이 경험을 제공하는 것이 바로 고전이다. 따라서 인성 교육의 본체가 실은 고전 교육이다. 또한 인성 교육을 개인적 성품의 교육을 넘어서는 지평으로 확장시켜 사회적 인격의 함양까지 포함시켜야 하는데, 이를 실천하는 가장 좋은 방법으로 퀸틸리아누스는 좋은 사람을 담고 있는 책, 즉 고전 읽기를 제안한다.

문제는 고전이 무엇인지일 것이다. 여러 의견이 가능할 것이다. 하지만 지면 관계상, 고전 읽기를 교육 모범으로 제시한 퀸틸리아누스의 생각을 소개하겠다. 그에 따르면, 고전이란 다섯 기준을 충족한 책을 말한다. 첫째는 시간의 검증을 견디어낸 책이다. 당대의 취향과 유행을 넘어서는 힘을 가지고 있는 책이라는 소리다. 둘째는 유익해야 한다고 한다. 당연히 사람에게 도움이 되는 책일 수밖에 없을 것이다. 셋째는 그렇다고 반드시 옛날 책일 필요는 없다고 한다. 넷째는 탁월함이다. 최고의 시인, 연설가, 역사가, 철학자를 읽는 것이 좋다고 한다. 마지막은 표현에 도움이 되는 책이라고 한다. 말이 때로는 인품을 보여주는 거울이기도 하고, 말이 때로는 능력을 발휘케 하는 수완이기 때문이라고 한다.

단지 말을 잘하기 위해서 고전 읽기를 강조한다는 점에 눈길이 간다. 얼른 납득이 가지 않는다. 하지만 속내는 이렇다. 아무튼 퀸틸리아누스가 고전 읽기를 강조한 이유가 이 점에서 해명되는데, 그것은 다름 아닌 고전 읽기가 특정 분야의 전문가를 기르는 데에 무게 중심을 둔 교육이 아니라는 점이 드러나기 때문이다. 고전은 예컨대 좋은 시인, 탁월한 철학자, 솜씨 좋은 기술자, 특정 시대에 대해 밝은 전문 역사가가 되기 위해서 읽어야 하는 책이 아니라고 한다. 퀸틸리아누스에게 고전이란 좋은 연설가가 되기 위해 도움이 되는 책이었다. 그런데 좋은 연설가란 좋은 정치가이자 좋은 시민을 뜻한다. 여기에서 고전의 쓸모가 분명하게 드러난다. 그것은 일상생활에 필요한 교양의 함양이었다. 물론 사회와 국가를 이끌어나가는 데에 요청되는 소양의 함양에도 도움이 되는 무엇이 고전이었다. 각설하고 지적해야 할 점은 서양의 현대 교육이 퀸틸리아누스의 전통을 그대로 계승하고 있다는 것이다. 물론 서양 고대가 엘리트만을 교육의 대상으로 삼았지만, 서양의 현대 교육은 대중 교육과 엘리트 교육이 잘 아우르고 있기 때문이다. 서양의 교육 선진국으로 조기 유학을 떠나게 만드는 요인도 바로 이것이다. 해서, 묻지 않을 수 없다. 과연 한국의 중등 교육은 현재 어떤 모습을 하고 있고 한국 대학들은 현재 어디에 위치하고 있는지를 말이다. 솔직하게 인정해야 할 것이다. 엘리트 교육이 없다는 점을 말이다. 그렇다면 보통 교육은? 제대로 작동하고 있을까? 이도 아니다. 아이들이 시험 성적만을 위해 학교 수업은 물론 학원 강의를 통해서 답안지에서 정답과 오답을 골라내는 훈련을 반복하고 있는 것이 중등교육의 실상이기 때문이다. 도대체 저 망할 놈의 "다음 중 아닌 것은?" 따위의 문제를 만든 자는 도대체 누구일까? 아무튼, 정답만을 골라내는 혹은 오답을 피하는 연습이 아이들의 인생을 위해 습득해야 할 능력일까? 그것도 모자라 학원에까지 가서 밤 늦게 똑같은 연습을 반복하는 것이 진정 교육일까? 설령 이런 반복 훈련을 통해서 명문 대학을 진학했다 해서 이런 교육 방식이 진정으로 아이들을 위한 것일까? 도대체 무엇을 위한 골라내기 연습일까? 어쩌면 우리 교육은 공교육과 사교육 분야 모두에서 실패했다. 대학에 와서도 과외를 받는 세상이 되어버렸으니 말이다. 아이들이 세상을 살아가면서 수많은 문제에 부딪히게 될 텐데, 그때마다 누군가가 옆에서 도와주어야 한다면, 예컨대 대학에서도 과외를 받아야 하는 아이들이, 사회에 나간들 또 그곳에서 새로운 과외 선생을 찾지 않는다고 누가 장담할 수 있을까? 좋은 사람은커녕 홀로서기도 안 되는 상황이기에.

일전에 들은 소리다. 어느 고등학교 3학년 교실에 걸린 급훈이 "엄마가 보고 있다"라고 한다. 참으로 서글픈 현실이다.

좋은 사람이 되는 것은 자기 안의 자기를 발견할 때부터 시작된다. 그 발견은 스스로 설 수 있게 될 때에 가능하다. 그런데 엄마가 계속 지켜보고 있는 상황에서 스스로 서는 일이 가능할까? 스스로 설 수 있음은 시시비비(是是非非)를 스스로 가릴 줄 아는 자기 판단 능력을 갖출 때에 가능한데, 그 시시비비를 엄마가 대신해주고 있는 상황에서 말이다. 적어도 자기 판단 능력이 "다음 중 아닌 것?"을 골라내는 연습을 통해서 생겨나는 것이 아님은 분명하다. 오히려 정반대이다. 인생에는, 삶의 현장에는 정답이 따로 없으며, 매 순간 정답을 스스로 찾아내야 한다. 사정이 이와 같다면, 모범 정답이 주어지지 않는 현실 상황에서 정답을 찾고 만들어갈 수 있는 능력을 키워주는 방법이 있다면, 그것은 무엇일까? 이 물음도 실은 왜 고전인가에 대한 또 다른 답이다. 어쩌면 이곳일 것이다. 한국 인문학이 가야 하는 곳이 말이다. 하지만 가는 뱃길은 멀다. 아이가 엄마로부터 떨어져야 하는 거리가 족히 3만 리(里)는 되어야 하기 때문이다. 아이가 엄마로부터 떨어져야 하는 이유에 대한 키케로의 말이다.

> 만약 내가 무릇 한 인생을 살면서 다른 무엇보다도 칭찬과 명예를 추구하는 데 배전의 노력을 기울이고 그런데 이것들을 실천하면서 〔부딪치게 되는〕 신체의 고통과 죽음과 추방의 위험까지도 대수롭지 않게 여겨야 한다는 인생 좌우명을 어린 시절에 많은 사람들의 가르침과 많은 글로부터 배우지 않았다면, 나는 결코 당신들의 안전(나라의 안전)을 위해서 저 숱한 종류의 그리고 저 대단했던 전투에 그리고 오늘 벌이는 이 재판처럼 하루도 쉬지 않고 달려드는 불량배들의 공격에 이 한 몸을 내던지지 않았을 것이기 때문입니다. – 『아르키아스 변론』, 제14장

살다 보면 때로는 정치적인 고난을 겪어야 하고 때로는 심지어 목숨까지 걸어야 하기 때문이라고 한다. 이것이 왜 고전인가에 대한 키케로의 답이다. 어려울 때마다 마음의 첫자리에 모셔둔 책들이 자신을 지켜주었다고 한다. 적어도 목숨까지 걸어야 하는 상황에서 어떻게 처신해야 할지에 대해서 길을 알려준 것은 책이었음이 분명하다. 너무도 당연한 말이기에, 굳이 키케로의 말에 더 보탤 필요는 없을 것이다. 반전은 여기에서부터다. 책 읽기의 중요성을 강조하는 키케로의 생각과는 대조되는 입장을 세네카(Lucius Annaeus Seneca, 기원전 4~65)가 취하기 때문이다. 세네카에 따르면, 책을 아무리 읽고 공부해도 제대로 생각하는 법을 배우지 않으면 그것도 말짱 헛것이라고 한다. 그의 말이다.

[6] (……) 도대체 자네는 파트로클레스와 아킬레우스의 나이를 따지는 것이 무슨 의미가 있다고 생각하는가? [7] 자네 관심은 오디세우스가 헤매고 다닌 곳이 어디인지 따위에 있네. 우리가 언제나 방황하지 않도록 만드는 일은 안중에도 없네. 그렇게 한가하지 않다네. 오디세우스가 방황한 곳이 이탈리아와 시칠리아 사이 어느 곳인지 아니면 우리가 알고 있는 지역 너머의 어느 곳인지를 따지고 앉아 있을 시간이 없기에 말일세 (실은 그렇게 좁은 지역에서 그토록 오랫동안 헤맨다는 것이 가능하지 않기 때문일세). 마음의 폭풍우가 날마다 우리를 흔들고 있고, 마음

의 사악함이 우리를 오디세우스가 겪었던 온갖 불행으로 몰고 있다네. 우리의 눈을 유혹하는 것은 적이 아니네, 몸매일세. 여기에서 사나운 괴물이 나온다네. 사람의 피에 희열을 느끼는 괴물이 말일세. 여기에서 귀를 홀리는 음흉스러운 알랑거림이, 여기에서 배들이 난파당하고 온갖 고난들이 생긴다네. 이런 것을 나에게 가르치게나. 어떻게 나라를 사랑해야 하는지, 어떻게 아내를, 어떻게 아버지를, 비록 배가 난파되었을지라도 내가 어떻게 이토록 훌륭한 것들로 항해해 갈 수 있는지를 말일세. [8] 도대체 페넬로페가 부정한 여인이었는지 아니면 페넬로페가 그 당시 사람들을 조롱했는지를 따지는 것이 무슨 의미인가? 아니면 페넬로페가 오디세우스를 알아보기 전에, 그녀가 본 남자가 오디세우스인지를 의심했다는 따위에 물음을 던지는 것이 말일세. 정숙함이란 무엇인지와 정숙함이 얼마나 훌륭한 것인지와 몸이 정숙해야 하는지 아니면 마음이 정숙해야 하는지를 나에게 가르치게나. -『서한』, 제88편 6~7장

다들 삶에 전혀 중요하지 않은 물음들에 혈안이 되어 있다고 한다. 파트로클레스와 아킬레우스의 나이에 대한 정답을 찾는 것이 무슨 의미가 있는지 모르겠다고 한다. 오디세우스가 표류한 지역이 실제로 시칠리아인지를 따지는 일이 인생에 무슨 도움이 되는지 모르겠다고 한다. 우리가 실제로 사는 현실이 오

디세우스가 겪었던 유혹과 재난보다 더 매혹적이고 더 무시무시한 재앙으로 가득 찬 곳이기 때문이라고 한다. 현실의 세이렌이 우리의 귀를 더 강력하게 지배하고, 현실의 키르케가 더욱 세게 우리의 눈동자를 흔들기 때문이라고 한다. 틀린 말은 아닐 것이다. 현실이 실제로 지금도 그러하니까. 아무튼, 세네카의 말은 책을 읽으면서 무엇을 물어야 할지를 생각하라는 촉구인 셈이다. 삶에 중요한 것을 책에게 끊임없이 물어야 한다는 것이 책 읽기에 대한 세네카의 기본적인 생각인데, 결국 많이 알기 위해서 책을 읽는 것이 아니라는 소리다. 세네카의 말이다.

> 그런데 자네가 우리에게로 온다면, 나는 도끼로 쳐내야 할 것들이 많다는 것을 보여주겠네. "오, 유식한 이여!"라는 말을 듣기 위해서 얼마나 많은 시간을 들여야 했고, 얼마나 많은 사람들의 귀들이 내는 짜증을 참아야 했는가? 비록 소박하지만 "오 좋은 사람이여!"라는 칭호면 그것으로 족할 뿐일세. – 『서한』, 제88편 38장

책을 왜 읽어야 하는지가 여실히 드러나는 대목이다. 소박하지만, 한마디로 좋은 사람이 되기 위해서다. 또한 책을 어떻게 읽어야 하는지도 잘 드러난다. 그것은 다름 아닌 삶에 중요한 것을 물으면서 읽어야 한다는 것이다. 이유인즉, 인생이 짧기 때문이라고 한다. 그의 말이다.

정리하자. 세네카가 말하는 좋은 사람이란 내면적으로 단단하고 실속이 있게 사는 사람이다. 적어도 인생이 얼마나 짧은지를 아는 사람이기 때문이다. 쓸데없는 잡사에 매심을 하지 않는 사람이기에. 책을 왜 읽어야 하고 어떻게 읽어야 하는지에 대한 또 다른 이유가 여기에서 해명된다. 인생을 실속 있게 살기 위해서다. 그러기 위해서는 잡사에 흔들리지 않는 마음을 가져야 하는데, 세네카는 제대로 생각하고 의미 있는 물음을 던져야 한다고 일갈한다. 이는 책을 읽을 때에도 마찬가지라는 소리이다. 아닌 게 아니라, 아킬레우스의 나이를 아는 것이 도대체 무슨 의미가 있을까? 각설하고, 고전이 다 고전은 아니라는 소리다. 생각하고 물을 때에 고전은 고전이 된다는 소리다. 좋은 사람이 되는 것에 도움이 될 때에 고전이 된다는 소리다. 즉, 읽고 생각하며 물을 때에 고전이 된다는 말이다. 소박하지만, 이것이 무엇이 고전인가와 왜 고전인가에 대한 세네카의 답이다. 짧은 인생, 실속 있게 살도록 돕는 것이 고전인 셈이다. 그나마 삶에 중요한 물음들을 제공하는 것이 고전이기에. 이런 물음을 던지는 세네카의 『서한(Epistulae)』이 단적으로 이를 입증하는 좋은 사례일 것이다.

어떤 책들을 읽어야 할까?

이 물음이 이 책을 쓰게 된 이유이다. 아울러 듣기에도 딱할 정도로 고전 교육을 강조하였다. 나름 절실함과 절박함이 있었다. 독자 여러분이 넓은 이해와 양해를 구한다. 이유를 들어보면 그럴 수밖에 없었을 것이라고 생각해줄 독자도 있을 것이다.

그 이유는 간단하다. 한마디로, 한국 사회는 이제 성장 중심의 사회에서 성숙 기반의 사회로 전환이 시급하기 때문이다. 또한 이와 연동하여 21세기 미래 사회를 능동적으로 대처해갈 한국인의 기본 가치를 재구축할 필요가 있기 때문이다. 이를 위해선 성장 중심 사회의 결과인 물신 사회를 넘어서서 인문 정신이 힘을 발휘하며 정신성과 물질성의 균형을 유지함이 절실한데, 그 균형을 잡아줄 정신의 내용이 무엇인지에 대한 논의 자체도 없는 형편이다.

여기에서 사회의 성숙이라 함은 혈연, 지연, 학연이라는 봉건적이고 권위주의적인 사회를 넘어서서 보편적 가치와 이념이 상식과 양심의 기준이 되는 시민사회로 나아감을 뜻한다. 또한 한국 사회가 생존 중심 사회에서 생활 중심의 사회로 전환을 도모하지 않으면 안 된다는 점도 작은 문제는 아니다. 여기에는 교육과 정치의 역할이 매우 중요한데, 한국 정치가 고립과 불통의 관점에서 통합과 교류의 관점으로 전환할 수 있는 전거와 기준들을 새로이 찾아내야 하는 한계 상황에 직면했다고 본다.

물론 한국 경제가 모방 단계에서 선도 단계로 도약할 수밖에 없는 처지에 몰려 있다는 점도 무시할 수 없다. 한국 사회가 성장에서 성숙으로 나아감에, 고전 교육이 앞에서 언급한 큰 문제들을 당장 해결해줄 수 있을지에 대해서는 더 따져볼 일이다. 그럼에도, 기본적으로 21세기와 그 이후의 세기를 위해서 한국인의 정체성 재확립, 한국 사회의 내부 통합과 분단된 민족의 통일, 동아시아 평화 체제 구성을 위한 기본 토대를 마련함에 있어서 고전 교육이 밑거름이 된다는 사실은 분명하다.

단적으로, "한국인의 기본 가치는 무엇인가?"라고 묻는다면, 이런 답들이 가능할 것이다.

> 자유, 정의, 평등, 공평, 민주, 공동체, 사랑, 자비, 인의, 진리, 진실, 양심, 연민, 동정, 관용, 연대, 홍익, 인류애, 인간애, 자기애, 효성, 우애, 우정, 애국심, 애향심, 애교심, 애사심, 경건, 겸손, 절제, 우정, 친절, 예의, 명예, 멋, 수치, 정직, 성실, 근면, 검소, 배려, 희생, 친절, 이웃 사랑, 열린 마음, 관용, 신의, 평

형, 균형, 화합, 평화, 조화, 용서, 이해, 감동, 섬김, 나눔, 베풂, 용기, 절제, 지혜, 실천, 통찰, 융통성, 중용, 이성, 합리, 상식, 원칙

이상의 개념과 가치는 한국인이 이미 갖추고 있는, 혹은 앞으로 갖추어야 할 '기본 생각(idea)'이라는 점은 굳이 입증할 필요가 없을 것이다. 이들은 적어도 개념 이해의 수준에서는 여러 다양한 표현 매체를 통해서 설파되고 선전되며, 문학과 영화 같은 예술 작품으로 표현되고, 대학의 교양과 전공 강의를 통해서 넘칠 정도로 소개되며 교육되고 있기 때문이다. 또한 이들에 대한 개념적 이해는 이미 초·중등교육 단계에서도 나름 체계적으로 시도되고 있기도 하다.

문제는 가치들이 충돌할 때이다. 즉, 충돌을 어떻게 해결하는지가 관건이다. 예를 들면, 자유와 평등이 대립할 때 드러나는 실제로 한국 정치를 나누고 있는 세력들의 배경에 깔려 있는 가치들의 충돌이 그것이다. 이 충돌을 어떤 식으로 해결할 수 있을까? 이런 가치들의 충돌과 조정이 곧 정치인데, 한국의 경우 정치적·사회적으로 합의된 규칙에 따라서 해결되기보다는 세력 간의 힘겨루기를 통해서 정리되거나 물리적으로 제압되는 것으로 많은 충돌 사태들이 일방적으로 종료되고 있다. 선진적이고 성숙한 시민사회로 한 걸음도 나아가지 못했다는 자조가 터져 나오는 까닭이다. 아니, 물리적인 힘에 의해서 사태들이 해결되

거나 종료되는 방식이 반복적으로 나타나고 고질화되고 있다고 보는 것이 맞을 것이다. 과연 해결책은 어디에서 혹은 어디로부터 찾아야 할까?

그 해결책은 가령 다음 물음들에 답을 할 수 있을 때에 그 실마리를 찾을 수 있을 것이다. 즉, 그런 물음에 대해서 시민들이 또 사회의 지도자라고 하는 정치인들이 자신의 의견과 주장을 밝힐 수 있을 때에 말이다. 예컨대 "자유라는 가치의 소중함을 몰라서 혹은 평등의 귀중함을 몰라서 서로 반대하고 충돌하는 것인가?" 이 가치들을 바탕으로 자라난, 이를테면 "자유민주주의와 사회민주주의는 어떤 관계에 있는 정치 이념일까?", "자유와 평등은 본성적으로 대립적이고 상충적 관계일까, 아니면 양립 가능하고 상보적인 관계일까?" 등의 물음들이 일상적으로 논의되고 정치 현장에서 중요하게 다뤄질 때에 말이다.

사정이 이러함에도 이런 물음들은 정치 현상과 사회적 일상에서는 물론 교육 현장에서조차 갈수록 얄팍하게나마라도 묻지도 않고 깊게 다루어지지도 않고 있다. 하지만 단적으로 프랑스의 바칼로레아 시험 문제를 보라.

- 스스로 의식하지 못하는 행복이 가능한가?
- 우리가 하는 말에는 우리 자신이 의식하고 있는 것만이 담기는가?
- 예술 작품은 모두 인간에 관해 이야기하고 있는가?

- 우리는 과학적으로 증명된 것만을 진리로 받아들여야 하는가?
- 권리를 수호한다는 것과 이익을 옹호한다는 것은 같은 뜻인가?
- 정의를 위해서 폭력은 정당화되는가?

프랑스는 고등학교 졸업 자격 시험이자 대학 입학에 활용되는 시험에 왜 이런 종류의 물음들을 내는 것일까? 답은 의외로 간명하다. 고대 그리스 시절부터 지구촌의 주류 문명으로 발돋움한 오랜 역사 경험을 통해, 바로 이런 물음들이 개인의 삶의 질과 사회의 성격, 그리고 국가의 품격을 결정해왔음을 잘 알고 있기 때문이다. 그래서 공동체의 진보를 일구고 성숙함을 유지하는 방법의 하나로 이와 같은 입시 방식을 벌써 200년 넘게 채택했던 것이다.

이는 한국 사회가 성장 사회에서 성숙 사회로 나아감에 교육적으로 새로운 모색이 절실함을 잘 말해준다. 그리고 입시 방식의 개혁은 그것의 핵심 고리가 될 것이다. 물론 여러 문제가 복합적으로 얽혀 있기에 쉽지는 않을 것이다. 그럼에도 한국 사회가 성숙 사회로 나아가기 위해서 교육의 새로운 모색은 어떤 식으로든 이루어져야 한다. 교육제도의 개혁이 당장은 어렵다면, 실현 가능한 것부터 시도하면 된다. 그 한 가능성이 고전 읽기이다. 위의 프랑스 입시 문제 사례에서 살필 수 있듯이, 어느 문제든 이 물음들은 개념의 피상적 파악으로 답할 수 없는 것이기에 그렇다. 이 물음들은 분명 날카로운 분석과 깊은 사유의 힘을 요구한다. 하지만 이것만으로는 부족하다. 이 물음들이 실은 아주 오래된 것들이며, 앞으로도 계속 반복되어 부딪히게 되는 물음들이기 때문이다. 이른바 고전적 물음들이다. 이런 이유에서 이 물음들에 답하기 위해서는 오래된, 그러나 검증된 책의 힘을 빌리지 않으면 안 된다. 고전 읽기가 중요하다는 소리다.

MUTATIS MUTANDIS! 바뀌어야 할 것은 바뀌어야만 한다. 한국 사회가 성장 사회에서 성숙 사회로 거듭나기 위해서 바꾸어야 할 것은 분명하다. 교육이다. 이는 지난 시절 아무것도 없는 나라에서 OECD 선진국에 들어갈 수 있도록 만든 원동력이 교육이었다는 점에서도 이미 입증됐다. 하지만 성장 중심의 교육 방식은 이미 시효를 다했다. 한국 사회는 성장 중심의 시대에서 성숙 기반의 사회로 이미 진입하고 혹은 진입해야 하는 경계에 서 있기 때문이다. 그렇다면 성숙 사회가 요청하는 교육 방식으로 한국의 교육도 바뀌어야 한다. 이는 시대의 명령이기도 하다. 문명을 만들어오고 그 진보와 성숙을 매개한 오래된 물음들에 답을 잘하는, 동시에 앞으로 닥칠 물음들에 답을 잘할 수 있도록 도와주는 교육으로 말이다. 고전 읽기 교육으로 말이다.

여기에 고전 읽기가 지금-여기 한국인에게 왜 더 필요한지에 대한 이유를 덧붙이겠다. 앞에서 한국인의 기본 가치가 무엇인가라는 물음에 대한 답으로 여러 가치들과 개념들을 제시했다. 단도직입적으로 묻건대, 우리는 과연 이 가치와 개념들을 정확히 알고 제대로 사용하는 것일까? 사실 이 가치와 개념들 대부분이 우리가 만든 것들이 아니기에 하는 질문이다. 그러니까 우리가 겪고 부딪힌 사건과 사고들을 해결하는 과정에서 얻어낸 개념들이 아니라는 것이다. 대개는 중국에서 온 것들이거나 서양에서 온 개념들이기에 하는 말이다. 문제는 수입 개념들이 대개 그것들이 처음 생겨나게 된, 혹은 만들어진 현실 맥락으로부터 격리되고, 그 개념과 가치들의 최초 탄생 배경과 이후의 사용 및 적용 맥락에 대한 이해 없이 사용되고 있는 현실이다. 개념 수용 과정에서의 이와 같은 구조적 원인 때문에, 이른바 한국인의 기본 가치들에 대한 개념적 이해도 피상적 파악에 그치고 마는 것이 우리의 실정이다.

그런데 가치들에 대한 피상적 파악의 문제는 그야말로 개념 이해의 문제 차원에서 그치지 않는다는 점에서 심각하다. 개념에 대한 얄팍한 이해가 아무런 여과 없이 정치적·사회적 주장으로 옮겨지고, 천박하기 짝이 없는 주장은 정치적·사회적 행동으로 표출되며, 이런 경박한 표출이 곧바로 정치적·사회적 충돌과 갈등과 긴장을 야기하고 있기 때문이다. 더욱 심각한 것은 이런 충돌이 반복되는 것을 넘어서서 악화일로의 나락으로 떨어지고 있음에도 이를 잡아주는 조정 장치가 없다는 것이다. 이 것이 한국 사회가 성장 사회에서 성숙 사회로 올라가지 못하도록 발목을 잡는 이유의 하나일 것이다.

물론 조정 장치를 마련하는 데에는 여러 방책이 있다. 단기적으로는 정치의 개혁이 그 한 대안일 것이다. 그러나 그것만으로는 불충분하다. 아니, 정치의 개혁이 제대로 수행되고, 그 결실이 실하려면 중장기적으로 교육에서 해결책을 찾을 수밖에 없다. 단적으로, 그러한 해결책의 하나가 바로 고전 읽기이다. 인간에게, 공동체에게, 즉 사회조직과 국가와 인류에 위기가 닥치면, 동양인이든 서양인들은 모두 원천으로 돌아가서 문제의 원인을 찾으려고 시도해왔는데, 그 원천이, 그 해결의 통찰을 제공하는 것이 고전이기 때문이다.

실은 고전이 그 오랜 세월을 버티고 살아남은 비결도 이것이다. 따라서 한국 사회가 성숙 사회로 진입하는 데, 기본 가치의 함양이 선택 사항이 아니라 필수 사항이라면, 그런데 기본 가치의 함양이 작금의 한국 상황이 익히 말해주듯 가치들에 대한 표면적 파악만으로 불가능하다면, 기본 가치들에 얄팍한 파악의 수준을 넘어서는 것이 필연적일 수밖에 없고, 가치들이 탄생한 역사 배경과 그 개념들이 활용되는 현실 맥락에 대한 이해가 당연히 요청된다 하겠다. 가치와 개념을 제대로 사용하기 위해서는 개념에 대한 정확한 이해가 전제되고, 이 전제는 가치와 개념들이 탄생하게 된 역사적 맥락과 그 말들이 자기 활동을 통해서 만들어낸 문명의 화용 맥락에 대한 통찰을 요청하기에 그렇다. 특히나 사회적으로 중요한 가치와 개념들일수록 역사와 문명의 무게를 자신의 의미 구조 안에 포함하는 것이 필연적이기에 그렇다.

요컨대 개념들은 대체로 다음과 같은 과정의 문명화를 거친다. 먼저, 사물과 사태에 이름을 짓고, 그 이름을 개념화하며 이론화하는 과정(conceptualization)을 거쳐야 한다. 이어서 개념화와 이념화의 과정을 맥락화(contextualization)하는 과정을 겪어야 한다. 여기에는 제도화와 역사화 과정이 포함된다. 이 과정들을 겪은 개념들은 물질로 현실화(realization)되는 과정을 겪게 된다. 그리고 이 현실화 과정에는 서로 다른 문명들의 만남과 충돌을 바탕으로 새로운 융합화와 표준화(integration and standardization)도 필연적으로 함께한다. 따라서 우리가 기본 가치라고 부르는 개념들도 이와 같은 문명화의 과정을 거쳐서 우리에게 수입된 것들이다.

하지만 우리는 문명화되는 과정에 대한 제대로 된 이해 없이, 그러니까 수입되기 직전까지의 과정에 대한 깊은 이해 없이, 개념을 자기 편의대로 사용하고 있는 셈이다. 개념과 유기적으로 엮여 있는 가치에 대해서도 마찬가지인 셈이다. 사실 이는 오용, 남용, 악용이다. 비유컨대 선무당이 사람 잡는다는 것이 이를 두고 하는 말이다. 사정이 이와 같다면, 개념과 가치들의 문명화 과정에 대한 이해와 통찰이 지금은 절대적으로 요청된다 하겠다. 그렇다면 고전 교육은 이제는 필수일 수밖에 없을 것이다. 성숙 사회의 전제 조건이 문명에 대한 통찰이고, 그 통찰의 대상들인 개념과 가치들의 문명화 과정을 담고 있는 것이 고전이라면 말이다.

고전 교육을 주장하면서 개념과 가치들의 문명사적 기원과 역사적 발전에 대한 통찰이 중요하다고 강조하는 이유는 이렇다. 요컨대, 한국인의 기본 가치들의 대부분이 수입된 것들이라면, 이것들은 착생하고 자생하는 과정을 거쳐야 할 것이다. 곧 한국화의 과정을 겪어야 한다. 여기서 문명사적 이해는 상술한 바처럼 중요하다. 하지만 반대의 과정도 상정해야 한다. 즉, 세계화 시대를 맞이하여 한국화의 과정을 겪은 가치들이 세계를 주도해나갈 보편 이념과 교양 척도로 한자리를 차지할 수 있기 위해서도 문명사에 대한 통찰이 필수적이다.

서두의 "어떠한 책들을 읽어야 할까?"라는 물음은 이러한 맥락을 바탕으로 구성된 것이다. 문명의 관점에서 한국 문명의 문명사적 위치와 성격을 점검하고, 이를 바탕으로 한국의 미래 세대들이 읽어야 할 좋은 책들은 무엇이고 어떻게 읽혀야 하는지는 한국의 기본 가치 함양에 직결된 물음이기 때문이다. 이와 관련해서 우리는 다음의 고전 목록 구성의 기틀을 제안하고자 한다.

	동 양		한 국		서 양		제3세계		
자기 찾기									고대
									중세
									현대
시민 사회									고대
									중세
									현대
교양 사회									고대
									중세
									현대
지식 사회									고대
									중세
									현대
	상	하	상	하	상	하	상	하	

○ **고전 아카이브 목록 구축을 위한 기틀**

목록 구축을 위한 기틀을 이렇게 구성한 이유는 간단하다. 지리-역사적인 관점에서 볼 때에 한국은 동아시아의 맥락에서 이해되고 해석될 수밖에 없기에 그렇다. 또한 정치-문화적인 측면에서 한국은 서양에서 기원하고 발전한 민주주의와 자본주의라는 정치·경제체제와 기독교라는 이념 체계의 영향을 직접적으로 받고 있기 때문이다. 이런 맥락 조건 아래서는 다양한 정치 세력들의 입장과 다양한 이념과 관점들을 접할 수 있게 해주는 고전들을 읽히고, 형식적으로는 비판적 판단과 열린 태도를 가질 수 있도록 만드는 교육은 필수적일 수밖에 없다. 벌써 한 세대 가까이 교육의 주요 목표로 제시되어온 이른바 '글로벌 인재'라 함은, 예컨대 능란한 영어 소통 능력의 구비에 있는 것이 아니라, 어떤 지식과 역량을 구비할지라도 그 근저에 우리 한국이 처한 이러한 맥락 조건에 대한 통합적이면서도 동시에 각론적 이해를 깔고 있는 경우라야 한다. 이렇게 고전 교육은 글로벌 인재의 양성이란 시대적 요구와 밀접하게 연동되기도 한다. 이런 판단에 입각해서 동양과 서양, 그리고 한국과 제3세계의 다양한 고전을 대상으로 한 목록 구축의 필요성을 제안한 것이다.

한편 이러한 목록 구축용 기틀을 제안한 데에는 다음 세 가지도 동시에 감안하였다. 먼저 무엇보다도 21세기 문명 조건을 능동적·창의적으로 감당하고 선도할 '21세기 한국적 교양의 세계'를 시급히 다시 구축해야 한다는 점이다. 이와 관련하여 우리 현대사엔 참조할 만한 선행 경험이 있다. 대표적으로 열암 박

종홍 선생이 지은 「국민교육헌장」이란 교양 선언이 그것이다. 이 글은 1970년대의 시대사적 요청을 담은 글이다. 아직도 수긍할 만한 내용이 많은 좋은 글이다. 하지만 이 글은 21세기 문명 조건에서 발원한 제반 요구를 감당하는 데에는 한계가 있다. 따라서 이 글을 창조적으로 계승-비판하면서 승화시킬 새로운 종류의 교양 선언이 시급하다. 그 이유는 간단하다. 한국의 내부 통합과 소통을 위한 최소 공배수를 마련함에 있어서, 지금까지 중요한 역할을 수행해온 단일민족신화 같은 민족 담론만으로는 부족하기 때문이다. 다시 말해 21세기 문명 조건에 걸맞은 시민 사회를 재정립하는 데에 요청되는 새로운 가치들의 좌표를 제시하고 그 가치들의 정치적 실천을 인정할 때에 개인 간, 사회 집단 간의 의미 있는 소통을 위한 기반이 마련되기 때문이다

다음으로, 문명사의 관점에서 볼 때에 지금은 동양 문명과 서양 문명이 서로 충돌하면서 융합하고 있는 전대미문의 새로운 만남들의 시대로 진입하고 있는 시기라는 점이다. 이런 충돌과 융합에서 지금까지의 이론적 틀과 관점에서 해명이 쉽지 않은 새로운 사태들과 사건들이 터지고 있고 또 벌어질 것이다. 즉, 문명의 규모가 커지고 복잡해짐에 따라서 인간과 사회에 대한 이해와 삶의 기준과 척도에 대한 새로운 해석의 틀과 준거가 요구된다. 이는 문명의 표준화 작업에서 매우 중요하다. 왜냐하면 모두스 비벤디(modus vivendi), 즉 사람이 살아가는 방식과 양식에 대한 이해 및 소통의 준거와 척도를 정하는 것과 직결되어 있기

때문이다. 이는 또한 경제적으로도 매우 중요하다. 삶의 방식의 일반화가 실은 문화인데, 표면적으로 경제권이 이 문화를 주도하고 선도하는 모양새로 드러나고 실제로 시장에서 상품의 우선권과 주도권도 장악하게 되고 있다. 그러나 이러한 표면적 현상을 배태하는 것은 어디까지나 문화이다. 이를테면 일부 경제인들이 주장하는 이른바 '디자인'이 주도한다는 말은 일면은 맞는 말이지만, 일면은 틀린 말이다. 그 뒤에는 모방하고 싶은 문화가 뒤에서 작동할 때에 디자인의 세련됨도 힘을 발휘할 수 있기 때문이다.

마지막으로 제대로 된 지식사회의 착생과 교양 사회의 형성을 위해서 동양과 서양, 그리고 한국과 제3세계의 다양한 고전을 대상으로 한 고전 읽기가 필수 조건이라는 점이다. 지식사회의 착생과 관련해서, 우리 한국 사회는 중등교육과 대학 교육 사이의 단절이 매우 심각하다. 누구나 인정하듯이, 모든 교육과정을 왜곡시키는 대학 입시라는 '괴물'이 그 원인이다. 대표적인 예를 들어본다. 기본적으로 대학에 들어온 학생들의 문해력(文解力, literacy)이 너무 떨어진다. 물론 이는 디지털 매체에 의지한 의사소통의 결과일 수 있다. 단문 중심의 소통이 이루어지는 이른바 SNS 매체의 대화 방식 또한 학생들의 작문 능력과 심지어는 독해 능력도 현격하게 떨어뜨리고 있다. 아무튼 이는 중등교육과정에 고전 읽기의 도입이 시급함을 보여주는 건 틀림없는 사실이다. 문해력의 저하는 학생들이 대학에 들어와서 교양 및 전공 지식을 접할 때에 큰 장애가 되고 있다.

이를 보완하기 위해서는 대학에서도 나름 대책을 마련하려 노력하고 있다. 그 대책 가운데 하나가 이른바 기초 교양 강화를 위한 프로그램 등이다. 이 프로그램은 기초 교양원 혹은 학부 대학 등의 제도와 기구를 통해서 실현되고 있다. 이 프로그램의 성공 여부와 관련해서는 아직 섣부른 단정은 이르지만, 일정 정도의 성과는 거두었다고 본다. 그도 그럴 것이 인문대학의 구조 조정 탓에 교양 교육의 중심이 앞으로 이 프로그램으로 옮겨지고 있기 때문이다. 그렇다고 현재 한국 대학에서 실시되고 있는 교양 교육 프로그램이 우량하다고 볼 수는 없다.

가령 교양 교육과 전공 교육의 연계가 부족하다는 것이 현재 한국 대학들에서 가동되고 있는 교양 교육 프로그램의 현주소이기 때문이다. 그러니까 교양 교육 프로그램이 독해 능력, 문해 능력, 작문 능력 그리고 비판적 사고 능력을 기르는 데에는 일정 정도 기여하고 있지만, 기초 교양 교육에서 전공 교육으로 자연스럽게 연계 혹은 매개되는지에 대해서는 의문이 들기 때문이다. 이는 기초 교양 교육 프로그램이 그 자체 안에서도 분과적으로 나뉘어 가동되고 있고, 이를 아우르는 통합 교육을 시행하고 있는 대학이 있다는 소리는 아직 접해보지 못했기 때문이다.

따라서 교양 교육과 전공 교육의 연계와 교양 교육의 통합화 모델이 그 어느 때보다도 절실히 요구되는데 그 모델이 바로 고전 교육이다. 그도 그럴 것이, 동서고금의 역사가 밝히 말해주듯 교양 사회의 형성에 요청되는 교육 방식은 결국은 고전 교육이기 때문이다.

이상의 서술을 다른 각도에서 살펴보자. 이른바 '일베'라 불리는 일부 극우 세력의 준동과 이른바 '종북' 프레임의 득세는 한국 사회가 교양 부재의 사회임을 보여주는 적나라한 증거들인데, 고전 교육이 이를 해결하는 교육적 대안일 수 있다.

먼저, 한국 사회의 중심을 잡아주는 인문 가치의 부재와 빈곤을 이야기하고자 한다. 전통적 방식을 고수하는 의미에서의 유교의 충효 사상이나 분단 상황의 산물인 반공 이념이 더 이상 한국 사회의 보수적인 가치를 대변한다고 볼 수 없다. 단적으로, '흥부'처럼 또 '춘향이'처럼 살려는 청소년은 이제는 아무도 없기 때문이다. 또한 1970년대식의 '반공' 이념만으로는 이미 후기 산업사회를 넘어서 신자유주의 시대에 들어와 만연된 '양극화'의 폐해를 해결할 수 없는 상황이 되었기에 그렇다. 다시 말해 자본주의 체제가 만들어낸 폐해들에 대응해서 만들어진 사회제도와 조직들에 대해서도 그 정치적 실체를 인정해야 되는 단계로 한국 사회가 진입했다는 뜻이다.

이와 같은 한국 사회구조의 성격 변화에 대한 분석이 요청되며, 이런 분석을 바탕으로 할 때에 계속 유지되어야 하거나 앞으로 형성되어야 하는 한국인의 가치가 무엇인지를 논의할 수 있을 것이다. 개인적 차원에서 부딪히게 되는 정체성과 관련된 고민들도 실은 '나만의 문제'가 아니라 인류의 오래된 난제이기 때문이다. 내 문제가 실은 젊은 '베르테르'의 고민과 다르지 않다는 말이다. 나아가 한 시민으로서 부딪히게 되는 갈등과 충돌의 배경에 자리 잡고 있는 정치적 입장들의 이념들과 사상들에 담긴 개념의 보편성과 그 이념들이 형성되는 역사적인 형성 과정에서의 특수성에 대한 이해에 도움이 되는 교육도 시급하다. 서양의 좋은 대학들이 권장 도서로 제시하는 책들의 선정 사유도 여기에서 해명된다. 정파와 세력들 사이에 형성되어 있는 긴장의 배경에 작동하는 논리에 대한 이해를 통해서 불필요한 물리적 충돌들을 방지하기 위해서다. 고전 교육은 개인적 차원에서 유식함을 자랑하는 장식물이 아니다. 그것은 오히려 사회적 필수물이라는 소리다.

다음으로 한국과 한국 사회가 국제 관계와 국제 사회에서 주권 국가로서 그리고 국제 사회의 담론을 어떤 논리와 어떤 설득 방식으로 주도할 수 있는지에 대한 국내외 선례들에 대한 이해도 중요하다. 특히 문명사적 관점에서 한국 문명의 성격 규명에 도움이 되는 책들에 대한 교육이 중요한데, 그 근거는 이렇다.

통시적 접근으로 한국 문명이 역사적으로 어디에 위치하고 있는지를 보여주는 책들을 읽혀야 할 것이다. 보충 해명을 하겠다. 이른바 1차 문명이란 아직 국가 단계 규모의 차원에 도달하지 못한 원시 문명을 말한다. 2차 문명이란 이른바 기축(機軸) 시대 문명을 말한다. 이 문명은 현대 문명의 기본 모판(母板)을 결정지은 문명권을 말하는데, 예를 들면 그리스·로마 문명, 중국의 춘추전국시대와 진한(秦漢)시대의 문명이 그것들이다. 3차 문명권이란 요컨대 동양 문명과 서양 문명의 경우, 고대의 기본 모판을 바탕으로 중세적 변형을 겪으면서 형성된 것을 말한다. 예컨대 서양의 중세 기독교 문명과 동양의 위진남북조시대와 수당시대에 형성된 문명을 말한다. 4차 문명권이란 르네상스의 근세를 거치면서 탄생한 서양의 근세 개별 국가들이 만들어낸 서양 문명권과, 명청 시대와 일본의 막부와 근세 그리고 임진왜란과 병자호란 이후의 근세를 거치면서 형성된 동양 문명권을 말한다. 마지막으로 5차 문명이란 동양 문명권과 서양 문명권이, 여기에 더해 여타의 문명권의 문화와 사상과 물질들이, 근세의 조우와 충돌의 단계를 지나서 융합과 회통하고 있는, 이른바 세계화의 현상이 포착되는 시대의 글로벌 문명을 말한다.

아쉬운 대목이지만 한국 문명의 성격은, 인류 문명사의 관점에서 볼 때, 기축 문명의 모판 역할을 한 적은 없다. 또한 중세와 근세의 문명 시대에서도 마찬가지로 한국 문명은 중추 문명의 역할을 한 적이 없다. 중국이라는 거대 문명권의 변방이었고 그 문명의 수입 국가였다는 사실은 굳이 입증할 필요는 없다. 사정은 근세에 들어와서도 마찬가지였다. 한국의 현대화 과정과 한반도의 현 정세와 관련해서 대부분의 중요한 결정이 우리의 의지가 아닌 외세에 의해서 좌우되었다. 이런 이유에서 한국 문명은, 만약 한국이 새로운 문명의 발신지가 되고자 한다면, 어쩔수 없이 기축 문명과 중추 문명이 성과와 결과물로 산출한 가치와 개념들에 대한 탐구를 하지 않으면 안 된다. 그도 그럴 것이, 저 가치와 개념들은, 비록 그것들이 과거의 산물들이라 할지라도, 현재를 구동케 하는 원리이자 힘으로 작용하는 것들이기 때문이다.

그래서 현재 한국인의 가치에 대한 재구축이 결코 쉽지 않다는 얘기다. 그것이 복잡하고 어려운 점은 한국인의 가치를 구성하고 있는 개념들의 대부분이 원래 우리의 것들이 아니라 남의 것들이기 때문이다. 따라서 한국인의 가치를 검토함에 동서양의 기축 문명, 중추 문명이 산출한 책들이 고전 교육에 포함되어야 할 필연성은 여기에서 분명하게 밝혀진다 하겠다.

여기에 한국 문명의 특수성을 살필 수 있는 책들도 포함되어야 한다. 물론 기축 문명의 영향이 아직도 강력하게 작동하고 있다. 공자의 말들은 아직도 한국인의 가치에서 큰 영향력을 행사하고 있기 때문이다. 아울러 중추 문명의 영향도 이에 못지않게 중요하다. 성리학의 위세는 아직도 대단하다. 한국인의 언어 관습과 생활 방식에 성리학의 영향은 여전히 강하고 넓게 남아 있기 때문이다. 물론 글로벌 문명의 시대에 와서는 그 위상이 많이 흔들리고 있기는 하지만 말이다. 한국 사회의 주요 정치제도와 교육제도와 문화 현상이 서구화되었다는 점에 대해서는 굳이 강조할 필요가 없을 것이다. 서구화가 곧 현대화를 지칭하는 말로 인정될 정도이기 때문이다.

단적으로 한국 문명이 기본적으로는 '수입 문명'의 성격을 강하게 띠고 있기는 하다. 그렇다고 해서 한국 문명에 원시 문명, 기축 문명, 중추 문명, 글로벌 문명의 성격이 없는 것이 결코 아니다. 이를테면, 고고학자들의 발굴에 따르면, 원시 문명의 흔적도 많이 남아 있다. 또한 석굴암, 대장경 등으로 대변되는 한국 불교문화부터 퇴계와 율곡, 다산과 연암, 집현전과 규장각 등으로 대표되는 한국적 유교문화, 세계사에 유례가 없는 산업화와 민주화의 짧은 시간 내의 동보적 구현 등은 우리가 단지 수입 문명에 머물러 있지 않았음을 잘 말해준다. 따라서 이러한 면면을 다룰 수 있는 책들도 포함되어야 한다.

정리하자. 문명화의 과정을 고전 교육의 기준으로 삼으려는 이유는 간단하다. 그러니까, 계속 유지되어야 하는 한국인의 가치와 앞으로 형성되어야 할 한국인의 가치들의 함양에 도움이 되는 동양과 서양의 고전들을 선정하는 기준들로 위의 문명을 구분하는 범주 개념들을 적용하기 위해서다. 한국인의 기본 가치로 작동하고 있는 개념들이 어떤 개념화 과정을 통해서, 어떤 이론화 과정을 통해서, 어떤 제도화 과정을 통해서, 어떤 논리적 혹은 어떤 정치적 기제를 통해서 한국 사회의 중핵 가치들로 작용하게 되었는지를 해명하는 텍스트들이 계속 유지되어야 할 한국인 가치를 함양하는 데에 도움이 될 것은 두말할 필요가 없기 때문이다. 또한 앞으로 형성해가야 할 가치들과 개념들도 어찌 되었든 이른바 개념 사용의 표준화 과정을 겪어야 하는데, 이도 실은 'G2' 시대를 맞이하여 동양 문명과 서양 문명이 각기 어떤 방식으로 성장·발전해왔는지에 대한 초기 모습을 살필 수 있는 텍스트에 대한 이해를 전제로 할 때에 가능하기 때문이다.

여기서 좁은 의미의 고전, 즉 인문학 분야의 고전도 중요하다. 하지만 넓은 의미의 고전, 즉, 사회과학·자연과학, 그리고 공학에서 중요한 책들도 고전 교육에 포함되어야 할 것이다. 이들 모두 '지금-여기'의 우리 문명을 만든 책들이기 때문이다.

찾아보기